Alan Redpath

Sieghafter Dienst

Seelsorgerliche Studien zum Buch Nehemia

Verlag der
Francke-Buchhandlung GmbH
Marburg an der Lahn

Meiner lieben Frau, deren Treue und Beharrlichkeit mir eine beständige Quelle der Inspiration in meinem Dienst für den Herrn war

ISBN 3 920345 57 6
3. Auflage 1982

Übertragung aus dem Amerikanischen von Karl-Heinz und Lotte Bormuth
Originaltitel: VICTORIOUS CHRISTIAN SERVICE

Umschlagentwurf: Daniel Dolmetsch
Gesamtherstellung: St.-Johannis-Druckerei C. Schweickhardt,
7630 Lahr-Dinglingen
Printed in Germany 18985/1982

Inhalt

Vorwort

In keinem Dienst, den ein Mensch tun kann, liegen so viele Möglichkeiten verborgen, wie in dem Dienst für unseren Herrn und Meister. Auf der einen Seite gibt es viel Lohnendes, auf der anderen Seite viel Enttäuschendes. Zahlreiche Hindernisse sind zu überwinden, und viele Abgründe müssen umgangen werden. Oft übernahmen wir eine Aufgabe im Namen des Herrn, zogen uns aber bald geschlagen, entmutigt und verunsichert zurück; und doch wurde gerade diese Verunsicherung ein erster Anstoß zu besserem Glaubenskampf. Denn jede Entmutigung sollte uns dazu dienen, durch sie in völlige Abhängigkeit von unserem Herrn und Heiland zu kommen. Wenn wir dann wieder in den Glaubenskampf zurückkehren, vertrauen wir nicht länger auf die falschen, unzureichenden menschlichen Mittel, mit denen wir törichterweise in den Kampf gingen, sondern auf die unerschöpflichen Kraftquellen unseres auferstandenen Herrn.

Keine Zeit braucht dringender Menschen mit leidenschaftlicher Hingabe, Menschen mit Grundsätzen, Menschen, erfüllt mit dem Durchblick des Heiligen Geistes für den Dienst des Herrn, als unsere Zeit. Niemandem von uns wird das zuteil, solange er nicht im Dienst für den Herrn die ganze Fruchtlosigkeit dessen erfahren hat, was aus unseren eigenen Vorstellungen von Kraft oder Schwäche erwächst. Solche Lektionen lernen wir meist nur in schweren Wegführungen, und wir lernen sie in einer Schule, aus der wir nie entlassen werden, bis wir einmal den Herrn von Angesicht zu Angesicht sehen werden.

Es ist mein ernstes Gebet, daß dieses Buch dazu dienen möge, anderen zu helfen, unbeschadet an den Abgründen des Lebens vorbeizukommen und in den Lagen, die sie besonders fordern, sieghaft zu bestehen. Es enthält sehr viel von dem, was der Herr mich im Schmelztiegel meines eigenen Gemeindedienstes gelehrt hat. Wenn ich dabei an den Titel des Buches denke, bin ich beschämt und möchte lieber mit den Worten des Apostels Paulus sagen: »Nicht, daß ich's schon ergriffen habe oder schon vollkommen sei; ich jage ihm aber nach, ob ich's auch ergreifen möchte, nachdem ich von Christus Jesus ergriffen bin.«

Nach meiner festen Überzeugung, die zuerst auf der Schrift, dann aber auch auf der eigenen, wenn auch begrenzten Erfahrung beruht, hat unser himmlischer Vater, als er uns vor Grundlegung der Welt in Christus erwählte, in seinem ewigen Plan auch den Dienstbereich vor Augen gehabt, den er uns anvertrauen wollte. Dabei sollte alles Erleben im Dienst, unsere Treue wie unsere Mängel die Gelegenheiten sein, die er benutzt, um uns in das Bild seines lieben Sohnes umzugestalten. Ich bin überzeugt, die Veröffentlichung des Buches hat sich gelohnt, wenn seine Botschaft die Herzen solcher Knechte Gottes erreicht, die durch die Feuer der Bewährung gehen, ihnen dadurch Ermutigung, neue Hoffnung und Durchblick gegeben wird und sie in die sieghafte Wirklichkeit Jesu Christi geführt werden.

Chicago, Illinois

Alan Redpath
Moody Memorial Church

Die Not erkennen

Nehemia 1, 1–11

Das Buch Nehemia ist wohl das grundlegende der ganzen Bibel in Bezug auf den persönlichen Dienst für Gott.

Eine Karriere im Geschäftsleben zu beginnen, für einen Beruf zu studieren, an den entlegensten Teil der Erde zu gehen, um dort das Evangelium zu predigen, eine Sonntagsschulklasse zu unterweisen, in ein Pfarramt zu gehen – überhaupt irgendeinen Dienst für Gott zu tun, ohne nach dem Willen Gottes zu fragen und ohne die Grundlagen des Dienstes für den Herrn zu verstehen, ist nicht nur töricht, sondern Sünde. Warum? Solches Handeln verteidigt das Recht, sich selbst eine Aufgabe zu wählen, den eigenen Dienstbereich abzustecken und ein eigenmächtiges Leben zu führen, und verwirft den Anspruch des Herrn, der doch den ersten Platz einnehmen sollte.

Wenn wir uns diesem Buch zuwenden, ist es zugleich mit dem Gebet verbunden, daß der Heilige Geist unsere Herzen entzünde, so daß der Herr Jesus Christus den ersten Anspruch auf das Leben eines jeden von uns hat. Es sollte auch unser Gebet sein, wenn wir diese Botschaft lesen: »Herr, *was* willst du, daß ich tun soll, und *wie* soll ich es tun?«

Nur wenn alle unsere Lebensbereiche Gott ganz ausgeliefert sind, kann Gott seine Ziele durch uns erreichen, und nur wenn er seine Ziele in unserem Leben verwirklicht, wird unser Leben im wahrsten Sinn des Wortes erfolgreich sein. Wir sollten daher, wenn wir uns diesem Buch zuwenden, darum beten, daß viele von uns zu einer klaren Erkenntnis des Willens Gottes geführt werden, und daß wir alle noch umfassender die Grundlinien des Dienstes für den Herrn erkennen.

Der geschichtliche Hintergrund

Um die volle Bedeutung des Nehemiabuches zu erfassen, müssen wir uns die besonderen Umstände, unter denen es geschrieben wurde, klar vor Augen führen, und auch den geschichtlichen Zeitablauf, auf den es sich bezieht, berücksichtigen. Von den siebzehn historischen Büchern in der Bibel sind Esra, Esther und Nehemia die jüngsten. Esra und Nehemia sind beide in zwei Teile gegliedert. Die ersten sechs Kapitel des Buches Esra behandeln den Wiederaufbau des Tempels, die letzten vier beschäftigen sich mit der Erneuerung des Gottesdienstes. Sechzig Jahre liegen zwischen den ersten sechs und den letzten vier Kapiteln. In diesen sechzig Jahren geschahen die Ereignisse, die im Buch Esther aufgezeichnet sind, als das Leben des ganzen jüdischen Volkes in äußerster Gefahr stand. Die ersten sechs Kapitel des Buches Nehemia behandeln den Wiederaufbau der Mauer in Jerusalem und die letzten sieben die Erneuerung des Volkes Gottes.

Die historischen Ereignisse, die sich in dieser Zeit ereigneten, waren von tiefer geistlicher Bedeutung. Das jüdische Volk war für siebzig Jahre nach Babylon in die Gefangenschaft geführt worden. Aber im Jahre 530 v. Chr. war die Macht des babylonischen Reiches durch die Macht Persiens gebrochen worden. Der König von Persien ermutigte den jüdischen Rest, in das eigene Land und in die Stadt Jerusalem zurückzukehren.

Unverzüglich kehrten etwa 50 000 Israeliten zurück und begaben sich an die gewaltige Arbeit, den Tempel wiederaufzubauen, der der Mittelpunkt des jüdischen Volkes in ihrem Gottesdienst war. Entmutigt durch den Widerstand derer, die sich in diesem Land während der Jahre ihrer Gefangenschaft angesiedelt hatten, und durch die fast unlösbare Aufgabe, legten die Juden bald die Arbeit nieder, nachdem sie nur die Fundamente des Tempels aufgebaut hatten.

Etwa sechzehn Jahre später, als sich das Volk im Land wieder angesiedelt hatte und in eigenen Häusern wohnte, erweckte Gott zwei Männer, Haggai und Sacharja, die das Volk aufriefen, sein Lebensziel zu überprüfen, und die es darauf aufmerksam machten, daß es den Auftrag Gottes vergessen hatte. Durch den Ruf dieser beiden Männer wurde das Volk erweckt. Der Tempelaufbau wurde wieder begonnen und vollendet, ungefähr zwanzig Jahre nachdem die erste Gruppe aus der Gefangenschaft zurückgekehrt war.

Sechzig weitere Jahre vergingen, bis eine neue Gruppe des jüdischen Volkes unter der Führung von Esra im Jahre 458 v. Chr. nach

Jerusalem zurückkehrte. Dieser Mann, ein Priester, dessen Ahnenreihe bis auf Aaron zurückreichte, machte sich ans Werk, die Moral und das geistliche Leben des Volkes zu erneuern, das so lange in Babylon in beklagenswertem Zustand gelebt hatte. Esra begann diese Aufgabe, obwohl ihm von vielen große Schwierigkeiten gemacht wurden. Er ließ sich dennoch nicht entmutigen. Viel mußte getan werden. Oft wurden die Bauleute von der ansässigen Bevölkerung bei ihrer Arbeit behindert. Der persische König, der die Israeliten zurückgesandt hatte, war nicht in der Lage, für Nachschub und Verstärkung zu sorgen. Das hatte zur Folge, daß schließlich die Mauern von Jerusalem wüst blieben und das Volk Gottes in Schmach und Schande leben mußte.

In dieser kritischen Lage – im Jahre 445 v. Chr – erweckte Gott einen Mann, um der Not der Stunde zu begegnen. Vierzehn Jahre nach Esras Heimkehr sprach Gott zu Nehemia, bereitete ihn für die Aufgabe zu und berief ihn, ihm zu dienen und die Mauern von Jerusalem wieder aufzubauen. Das einleitende Kapitel dieses Buches gibt uns Einblicke in die Zubereitung und Berufung dieses Mannes und schildert uns, mit welch heiligem Entschluß er an die Aufgabe ging, zu der ihn Gott berufen hatte.

Nun sind diese historischen Tatsachen nur von zweitrangiger Bedeutung, aber ich glaube, sie sind dennoch nötig, damit wir die geistlichen Zusammenhänge dieses Nehemiabuches verstehen. Ich möchte mich nicht vornehmlich mit der Geschichte einer Rückkehr auseinandersetzen. Mir liegt vielmehr daran, daß wir in diesem Buch die gewaltigen großen geistlichen Aufgaben für uns alle entdecken. Es soll rund um die Stadt unserer Seele eine Mauer gebaut werden. Es soll eine Mauer gebaut und ein Zeugnis aufgerichtet werden rund um unsere Gemeinden. Es soll eine Mauer des Zeugnisses gebaut werden rund um das Reich Gottes in der ganzen Welt. Ob wir nun hauptsächlich am Mauerbau um unsere eigene Seele oder am Mauerbau unserer Gemeinde oder am Mauerbau des Reiches Gottes auf der ganzen Erde beteiligt sind, wir werden entdekken, daß es kein Gewinnen ohne Kampf, kein Vorankommen ohne Anfeindung und keinen Sieg ohne Wachsamkeit gibt. Denn immer wenn das Volk Gottes sagt: »Laßt uns aufstehen und bauen«, sagt Satan: »Ich will mich aufmachen und Widerstand leisten.«

Die innere Zurüstung Nehemias

Ich möchte Sie zuerst bitten, auf die innere Zurüstung Nehemias für seinen Auftrag zu achten. Er hatte ein verantwortungsvolles Amt im Palast des Königs. Es wird uns berichtet, daß er der Mundschenk des Königs war. Er stand an einflußreicher Stelle. Aber sein Interesse galt nicht der Ausweitung des persischen Reiches, ihn bewegte vielmehr der Wille Gottes für sein Volk in Jerusalem.

Eines Tages kehrte Nehemias Bruder mit einigen anderen Juden von einem kurzen Besuch in Jerusalem zurück und schilderte Nehemia die Lage dort. Es war eine tragische Geschichte. Im dritten Vers dieses Kapitels heißt es: »Die übrigen . . . sind daselbst im Land in großem Unglück und Schmach; die Mauern Jerusalems sind zerbrochen und die Tore mit Feuer verbrannt.« Es ist ein Unterschied, ob man eine Nachricht allgemein zur Kenntnis nimmt, oder aber ob der eigene Bruder kommt und sie uns berichtet. Nehemia traf die Last und Bürde seines Volkes tief. Als er, der Gottes Plan mit seinem Volk in Jerusalem kannte, die Geschichte des Versagens seines Volkes hörte und sie an Gottes Willen maß, empfing er eine ganz neue Sicht für sein eigenes Leben. Er kannte Gottes Ziel, und es wurde ihm bewußt, wie weit sie von ihm entfernt waren. Gottes Plan auf der einen Seite und die notvolle Lage auf der anderen Seite veränderten Nehemias Sicht.

Als er die Geschichte hörte, so heißt es im vierten Vers, setzte er sich nieder und weinte, trauerte, fastete und betete. Aber Nehemia war es nicht allein, der über Jerusalem geweint hat. Auch unser Herr Jesus auf dem Ölberg weinte über diese Stadt und trauerte, betete und opferte sein Leben für sie. Viele haben es in ähnlicher Weise erlebt, daß ihre Arbeit für den Herrn dort begann, als sie über der Erkenntnis einer trostlosen Lage weinten, trauerten, fasteten und beteten.

Das wollen wir von Nehemia lernen: wir lindern erst dann wirklich eine Not, wenn wir das Elend in der eigenen Seele empfunden haben; wir empfangen erst dann die Aufträge Gottes, wenn Gott uns die Augen geöffnet hat und wir die Dinge sehen, wie sie wirklich sind. Es gibt nur diese Zubereitung für den Dienst im Reich Gottes. Nehemia wurde berufen, die Mauer zu bauen, aber vorher weinte er über die Ruinen. Auch wir sind berufen, Mauern zu bauen: die

Mauer um unsere eigene Seele, die Mauer um unsere Gemeinde, die Mauer des missionarischen Wagnisses. Wenn wir durch die Gnade Gottes anfangen, diese Mauern aufzubauen, müssen wir zuerst die Ruinen sehen. Wir können den Dienst für Gott nicht wie ein Hobby betreiben. Dann werden wir Schiffbruch erleiden. Bevor wir einen Dienst für Gott annehmen, ganz gleich, was es auch sein mag, vielleicht unwahrscheinlich gering, unauffällig und scheinbar unbedeutend, bevor wir einen Dienst für unseren Herrn beginnen, sehen wir uns zuallererst die Ruinen an.

Bevor wir die Unterweisung im Kindergottesdienst beginnen, müssen wir uns erst einmal umsehen und den erschreckenden Mangel an christlicher Unterweisung in unseren Schulen heute erkennen. Dann sollten wir das Versagen unserer Gemeinden ansehen, die doch den Auftrag haben, das Wächteramt auszuüben. Und wir sollten die Zuchtlosigkeit um uns erkennen, die sich heute frei und offen entfalten kann. Zu jeder fruchtbaren Arbeit gehört zunächst die Erkenntnis der Lage – aber auf den Knien vor Gott in tiefer Trauer um das menschliche Herz.

Bevor wir einen Dienst für Gott anfangen, sollten wir über die Gleichgültigkeit der Christen vor unserem Herrn zu klagen beginnen. Jede Gemeinde hat viele Menschen in ihrer Umgebung. Der Herr Jesus lebte unter solchen Menschen und war von Mitleid erfüllt, weil er sah, daß sie wie Schafe ohne Hirten waren. Was aber bewegt uns beim Anblick der vielen Menschen, wenn wir sie durch die Straßen gehen sehen? Sind wir beunruhigt über sie? Liegen sie uns am Herzen? – Lassen wir uns diese Last von Gott neu auferlegen!

Wenn wir mit dem Blick Jesu die Mauern betrachten, die aufgebaut werden müssen, werden wir zuerst darüber Leid tragen, daß so viele sogenannte Christen in ihrem Leben Jesus Christus nicht widerspiegeln. *Jerusalems* Mauern lagen zerstört darnieder, und *seine* Tore waren verbrannt. Für eine moderne Stadt bedeutet das natürlich nichts; aber Gott wollte, daß Jerusalems Mauern Rettung sein sollten und seine Tore Lobpreis. Doch die Symbole der Rettung und des Lobpreises lagen in Trümmern. Spüren wir noch den Schmerz und das Leid über diese Ruinen der Heilszeichen in unserem Leben? Oder liegt das Zeichen der Rettung, das Zeichen des

Lobpreises, die Mauer, die unsere Trennung von der Welt anzeigt, bei uns nicht hoffnungslos darnieder?

Es gibt keine Segnungen, es sei denn wir schauen tief in unsere eigene Seele und sehen unser geistliches Leben, wie es wirklich ist. Wie steht es mit der Mauer der Trennung von der Welt, mit der Mauer des Gebetslebens und des Bibellesens? Wie steht es mit der Mauer der Nachfolge? Wie mit der Mauer der persönlichen Hingabe und des lebendigen Zeugnisses vor anderen? Wie steht es mit der Mauer des Christseins im Alltag? Liegen diese Mauern, im Lichte Gottes gesehen, als Ruinen vor uns?

Wie steht es um das Zeugnis unserer Gemeinde? Welchen Anstoß übt heute unsere Gemeinde auf die Allgemeinheit aus? Wir schicken unsere Missionare nach Afrika, nach Südamerika, zu all den entfernten Ländern der Erde, und gerade vor unserer Haustür tut sich eine ungeheuer große Not auf: Unglaube, Heidentum und Aufstand gegen Gott, die wir anscheinend übersehen können.

Nachdem Nehemia geklagt hatte, begann er zu arbeiten. Nach seiner Verzweiflung festigte sich sein Entschluß. Wenn wir über die Ruinen, die existieren, weinten, käme es uns zum Bewußtsein, wie abhängig wir von unserem Gott sind. Das war das Geheimnis des Nehemia, und das ist der Anfang aller christlichen Arbeit. Wie sehr bete ich, daß jeder, der eine Arbeit für seinen Herrn tut, nicht nur um ihretwillen, sondern um der Gemeinde und um Christi willen erst einmal still wird und trauert über die Ruinen in seiner Seele, in der Gemeinde und im Reich Gottes. Wenn Gott einen Menschen herausnimmt und ihn in seinem Dienst gebraucht, dann zeigt er ihm zuerst die eigene Unzulänglichkeit, Unvollkommenheit und Unwürdigkeit für diese Aufgabe. Das war Nehemias Zubereitung.

Die Macht des Gebets

Wenn wir die Ruinen, den Verfall und die Not in uns und um uns sehen, sind wir zunächst geneigt zu sagen: »Wir sind hilflos, überhaupt etwas zu tun; wir brauchen es erst gar nicht zu versuchen.« Achten wir an dieser Stelle genau auf Nehemias Gebet. Er war ein Mann, der seine Seele vom Wort Gottes nährte. Das Gebet in diesem Kapitel gründet sich auf die Offenbarung Gottes, und solches Gebet kann nie seine Wirkung verfehlen. Wir werden bemerken, daß Nehemia sowohl den Namen Gottes als auch den Namen des Königs von Persien erwähnt. Der erste Schritt in Nehemias Aufgabe war, die Gunst des Königs von Persien zu gewinnen, damit dieser ihm erlaubte, nach Jerusalem zu gehen und die Arbeit, zu der Gott ihn berufen hatte, zu tun. Dies wäre ohne Gottes Eingreifen unmöglich gewesen, obwohl Nehemia selbst eine einflußreiche Stelle am Hof innehatte und in seiner Position große Verantwortung trug.

Dann kommt es in Nehemias Gebet zum Sündenbekenntnis. Er schließt sich selbst mit ein in die Schuld seines Volkes und in das Eingeständnis, daß es Gott nicht gehorcht hatte und daß die entstandenen Nöte das Ergebnis seines eigenen Ungehorsams waren.

Achten wir darauf, daß das Gebet seine Wurzeln in der Vergangenheit hat. In Vers 10 heißt es: »Sie sind ja doch deine Knechte und dein Volk, die du erlöst hast durch deine große Kraft und mächtige Hand.« In diesem Gebet geht Nehemia in Gedanken hunderte von Jahren zurück und wagt Gott an seine große Befreiung des Volkes aus Ägypten, an die Bewahrung durch das Blut, an den erfolgreichen und triumphalen Zug in das Land des Segens und des Sieges zu erinnern. Er wagt, Gott den Bund vorzuhalten, den Gott mit seinem Volk gemacht hat, daß sie eines Tages dieses Land besitzen sollten. Nehemia gründet sein ganzes Gebet auf Gottes Taten in der Vergangenheit, und er sieht darin einen Spiegel für Gottes zukünftige Pläne.

Wie immer die Ruinen unserer Seele aussehen mögen; wie auch immer die Ruinen der unterlassenen Zeugnisse der Kirche uns bedrängen, wie groß auch die Not in den ausgedehnten, großen Missionsgebieten sein mag, in denen so viele Stationen unbesetzt sind; und wenn ich nur das Handeln Gottes in der Vergangenheit sehe und meine Gebete im Blut, im leeren Grab, im auferstandenen Herrn verwurzelt sind, dann will ich darin den Spiegel sehen, der Gottes Plan in dieser unserer Welt erhellt.

In unseren Tagen hören wir leider nicht viel von dieser Art des Betens. In vielen Gebeten bitten wir Gott nur, unsere Arbeit zu segnen, unseren Kranken zu helfen, uns selber voranzubringen und unsere Arbeit in Gang zu halten. Aber Gebet ist nicht bloßes Reden, sondern Kampf. Wirkliches Gebet stellt uns in eine Schlacht und ist in den Verheißungen Gottes und in dem Bund mit dem teuren Blut Christi verwurzelt. In seinem Wort gewinnen wir die Einsicht, warum er erhören wird, und wir können es dort lesen. Deshalb wurde auch Nehemias Gebet beantwortet. Es war auf Gottes Plan und auf Gottes Verheißungen gegründet.

Beten wir so im Stillen und auch öffentlich? Wir dürfen im Gebet an den Ort zurückschauen, an dem Jesus starb, sein Blut vergoß, aus dem Grab auferstand und in den Himmel fuhr. Wir wissen, daß er wiederkommen wird! Das tat Jesus nicht, um uns so zu lassen, wie wir sind, daß unsere Gemeinden in ihrer Stoßkraft abnehmen, ihr Zeugnis schwach und ungenügend ist und die Mission ihre notvolle Situation in eigener Kraft bewältigt.

Blicke auf das Kreuz und auf das Blut, dann erfährst du etwas von der Macht eines wirkungsvollen Gebetes. Nehemias Gebet war im Wort Gottes gegründet, verankert in den Verheißungen und verwurzelt in den Taten Gottes. Aber dieser Mann war nicht nur durch die neue Sicht der Dinge und durch das Gebet zubereitet worden. Achten wir auf seinen Entschluß und auf seine Zielrichtung. »Laß es deinem Knecht *heute* gelingen.« So war er durch das Gebet gewappnet für alles, was an diesem Tag auf ihn zukam, als er von seinen Knien auferstand und dann vor den König trat. Er begann seine Aufgabe.

Der König war ihm wohl gesonnen. Eine glänzende Laufbahn lag vor ihm, aber er schloß sich von allem selbst aus, und wie Mose in alter Zeit, so wählte er »viel lieber mit seinem Volk die Schmach zu tragen als die zeitliche Ergötzung der Sünde« (Hebr. 11, 25). Dieser Mann, dem im Gebet Absicht und Aufgabe für sein Volk klargeworden war, dieser Mann, der unbeugsam in seinem Entschluß war, ging hin in der Macht Gottes und begann sein Werk.

Auch heute sind die Grundlinien des Dienstes für den Herrn die gleichen. Wir können Gott nur durch Opfer dienen. Wir sind nur dann für das Werk Gottes geschickt, wenn wir zuvor darüber geweint und gebetet haben. Nur dann sind wir fähig, die Arbeit, die getan werden muß, in Angriff zu nehmen. Gott möge uns Herzen geben, die bluten, Augen, die weit offen sind und sehen, Sinne, die klar Gottes Absicht deuten können, einen Willen, der gehorsam ist, und eine Entschlußkraft, die unermüdlich die Aufgaben, die Gott von uns getan haben will, in Angriff nimmt.

Vorbereitung und Zurüstung

Nehemia 2, 1–10

Das Brandopfer war das alttestamentliche Zeichen der völligen Hingabe an den Dienst des Herrn. Es geschah freiwillig und lag als Ganzopfer auf dem Altar; es ging durch's Feuer und war dem Herrn »ein süßer, angenehmer Geruch«.

Ich möchte am Brandopfer die Botschaft von Nehemia 2, 1–10 erläutern; denn hier erkennen wir die Triebkraft, die nicht nur hinter der Zubereitung und Zurüstung des Nehemia für den Dienst Gottes steht, sondern die sich auch bei jedem von uns im Dienst des Königs aller Könige entfalten will.

Wenn ich mich dabei mit »Minderheiten« befasse, mit denen, die sich für den Dienst des Herrn – für ein christliches Werk oder für die Mission – zurüsten lassen, dann sollen die anderen nicht denken, sie seien ausgeschlossen. Tatsächlich liegt mir sehr viel daran, daß die Grundlagen christlichen Dienstes in der Gegenwart des Herrn von jedem, der sich zum Volk Gottes rechnet, neu durchdacht werden. Ich möchte auf drei Dinge in unserem Text hinweisen. Als erstes wollen wir auf die Lasten achten, die Nehemia trägt.

Auferlegte Lasten

Ein Vergleich zwischen dem ersten Vers des ersten Kapitels und dem entsprechenden Vers des zweiten Kapitels zeigt, daß eine Spanne von ungefähr vier Monaten zwischen dem Augenblick lag, als Nehemia von der hoffnungslosen Lage Jerusalems erfuhr, und dem Zeitpunkt, als Gott ihm den Weg für sein Handeln freigab. Die genauen Daten sind nicht so sehr von historischer Bedeutung. In dem Augenblick, als Nehemia von der ungeheuren Not hörte, legte sie sich als Last auf sein Herz. Er setzte sich nieder, weinte, trauerte, fastete und betete. Aber er trug die Last vier Monate still für sich allein, bis der König, in dessen Nähe er täglich kam, sie entdeckte und zu ihm sagte: »Warum ist dein Gesicht so traurig, da du doch nicht krank bist? Das kann doch nur von einer großen Sorge in deinem Herzen kommen.«

Was sich in diesen vier Monaten ereignet hatte, wird uns nicht berichtet, aber wir können es zwischen den Zeilen lesen. Nehemia stürzte sich nicht ungestüm auf seine Arbeit, als die Not ihm zum Bewußtsein kam. Er wußte, daß er nur dann erfolgreich für seinen Gott ans Werk gehen konnte, wenn er in der Gunst des Königs stand und zugleich genau wußte, daß Gott es war, der ihn rief.

Wie beharrlich muß Nehemia in diesen vier Monaten vor seinem Gott gestanden und ihn gebeten haben, ihm diese Last entweder von seinem Herz zu nehmen, oder aber sie noch schwerer zu machen, daß ihm keine andere Möglichkeit mehr blieb, als zu handeln. Wie muß er vor Gott wegen seiner Stellung am Hof gerungen haben. Es war für einen Israeliten schwer genug, in eine derartige Position an den persischen Hof zu kommen, aber noch schwerer war es, von diesem Dienst wieder ehrenhaft entlassen zu werden. Traurig in der Gegenwart des Königs zu sein, war eine unverzeihliche Sünde und konnte mit dem Tode bestraft werden. Konnte er es wagen, mit dem König über sein Leid zu sprechen, oder sollte er warten und Gott vertrauen? Doch, wenn Gott ihn rief, in Jerusalem ein Werk zu beginnen, dann war es Gott auch möglich, ein Wunder zu tun und ihm die Gunst des Königs zuteilwerden zu lassen.

So weinte, betete und fastete er so lange, bis Gott die Tür öffnete. Er brauchte nicht mit dem König zu reden. Der König redete mit ihm.

Die Last seines Herzens, die so schwer auf ihm lag, konnte nicht länger verborgen bleiben. Zu dem Zeitpunkt, als er die niederdrükkende Last kaum noch ertragen konnte, antwortete ihm Gott. Nicht Nehemia machte den eigentlichen Anfang, sondern Gott tat es.

Es gibt einen nützlichen Vorsatz, den wir dieser Geschichte entnehmen können, einen Grundsatz, der entscheidend ist für jeden, der in den Dienst des Herrn tritt. Nur dem Menschen kann Gott einen Auftrag geben, der von der Bürde und der Verantwortung schier erdrückt wird. Wenn nicht das Gefühl einer überwältigenden Last auf unserem Herzen liegt, werden wir niemals fruchtbar im Dienst für Gott arbeiten. Die Not allein bewirkt nie den gesegneten Dienst. Wie viele Menschen hören von entsetzlichen Zuständen in einem fernen Land und handeln unverzüglich aus tiefem Mitleid; aber das Ergebnis ist oft enttäuschend.

Unser Herr sagt zu seinen Jüngern: »Kommt zu mir alle, die ihr mühselig und beladen seid« (Matth. 11, 28). Aber wir verbannen diese Einladung meistens als Aufruf ans Ende eines evangelistischen Dienstes, anstatt daran zu denken, daß diese Worte vornehmlich denen gelten, die im Dienst Gottes stehen. Wenn uns die großen Notsituationen im Dienst für Gott bewußt werden und uns fast zu erdrücken drohen, sei es in unserer Stadt, auf dem Kontinent oder gar auf der ganzen Welt, wenn wir überwältigt werden von der Not, die keiner von uns persönlich lösen kann, dann gilt besonders Jesu Wort: »Kommt zu mir!«

Der Erkenntnis der Not muß das ernste, beharrliche Warten auf Gott folgen, bis sie mir als persönliche Last auf mein Herz fällt und ich so bereit und fähig werde, die Arbeit, die Gott mir aufträgt, zu tun. Keiner sollte eher damit beginnen, Kinder zu lehren, sich auf den Predigtdienst vorzubereiten oder sich für das Missionsfeld zu rüsten, bis durch die Macht des Gebets die Last für den besonderen Dienstbereich so groß geworden ist, daß er meint, sie nicht mehr länger ertragen zu können. Wenn das geschieht, handelt Gott. Gott übernimmt es dann selbst, die Türen für diesen Dienst zu öffnen. Wir von uns aus vermögen es nicht.

Gottes erste Vorbereitung für seine Diener ist die unerträgliche Last. Wenn Gott dann sieht, daß wir bereit sind, sie auf uns zu nehmen, öffnet er auch die Türen. Wenn dieser Grundsatz mehr erkannt und beherzigt würde, gäbe es weit weniger Rückzug aus dem Gemeindedienst, wenn es schwierig wird. Es gäbe weniger Versagen in der Ausbildung für den vollzeitlichen Dienst. Es gäbe weniger Zusammenbrüche auf dem Missionsfeld. Es gäbe weniger Versuche, die Tür für einen Dienst aufzustoßen, bevor uns in der Gegenwart Gottes klargeworden ist, daß wir auch bereit sind, die Lasten zu tragen. ». . . auch will ich dem Herrn keine Brandopfer bringen, die mich nichts kosten«, sagte David. Bevor ich einen Dienst für den Herrn in Angriff nehme, muß ich den Preis bezahlen, zunächst die Mühe und den Kampf in meiner eigenen Seele. Es soll mir dabei klar und bewußt werden, daß ich selber die ungeheure Last nicht länger ertragen kann. Wenn Gott das sieht, öffnet er mir auch eine Tür. Gott aber möge sich über die Kinder erbarmen, deren Sonntagsschullehrer nie unter der Last dieses Dienstes in seinem Herzen gelitten hat.

Aber da war nicht nur die Last, die Nehemia trug, sondern zugleich auch ein Segen, nach dem er sich sehnte. ». . . ist dein Knecht angenehm vor dir, so wollest du mich senden nach Juda zu der Stadt des Begräbnisses meiner Väter, daß ich sie baue« (Vers 5). Nehemia wollte genau wissen, daß *er* gesandt war. ». . . so gebe man mir Briefe an die Landpfleger jenseits des Wassers«, bat Nehemia in Vers 7, »daß sie mich hinübergeleiten, bis ich komme nach Juda.« Er wollte ganz sicher sein. »Und Briefe an Asaph, den Holzfürsten des Königs, daß er mir Holz gebe . . . für die Tore . . . und für die Mauer . . . und für das Haus . . .« Nehemia wollte wissen, daß er mit allem versorgt war.

Hat er damit zuviel verlangt? Wie verhält es sich mit dem Leben aus dem Glauben? War Nehemia zu anspruchsvoll? Gewiß nicht! Der König hatte die Möglichkeit, ihm all das zu geben, um das er ihn bat; und das war auch unbedingt erforderlich, wenn die begonnene Arbeit vollendet werden sollte. Es war gewiß eine machtvolle Kraftquelle, als Nehemia beim Beginn des Mauerbaus mit all den wachsenden Widerwärtigkeiten und Entmutigungen sich an dieses Gespräch mit dem König erinnerte. Und es war ihm eine Hilfe, daß er in der Vollmacht des Königs kam, der ihm für alle Schwierigkeiten Unterstützung zugesagt hatte.

Die Tatsache, daß so die gute Hand Gottes über ihm war, ließ ihn getrost in die Zukunft seines Dienstes blicken. Hier haben wir einen lebendigen Anschauungsunterricht, der für uns alle wichtig ist. Gesandt, geborgen und versorgt, diese drei Faktoren sind im Dienst für Gott höchst bedeutsam. Der beherrschende Faktor unseres Dienstes für den Herrn ist nicht die Not anderer Menschen, sondern der Befehl unseres Herrn Jesus Christus. Seine absolute Souveränität, sein Recht, seine Leute überall hinzusenden, seine Vollmacht, unsere Schritte sowohl voranzubringen als auch aufzuhalten. Wenn diese Grundlinie nicht mehr beachtet wird, werden die Nöte so groß und die Lage so verwirrend, daß wir in unserem Dienst straucheln. Ein Missionar ist jemand, der vom Herrn gesandt ist, wie er selbst vom Vater gesandt wurde. »Wie mich mein Vater gesandt hat, so sende ich euch« (Joh. 20, 21). Folglich liegt die wahre Quelle für den Dienst immer hinter mir und nie vor mir. Die

Herausforderung jedoch wird immer vor mir liegen, genauso wie auch die Widerstände.

Aber die Stoßkraft und die Begründung aller Arbeit für den Herrn liegen nie in dem, was wir vor uns sehen, sondern sind zu finden in jenem unbeschreiblichen und unerklärlichen Drängen durch den Heiligen Geist, der mich an diesen Platz gestellt hat. Nur das allein vermag an der Arbeit zu halten, so daß man die Hand nicht vom Pflug abzieht, wenn die Schwierigkeiten sich häufen. Nur diese Überzeugung gibt uns die Beharrlichkeit für alle Aufgaben. Es ist eine Tragik, wenn wir oft im Dienst für Gott stehen und nicht diese Gewißheit haben, daß wir dazu berufen und ausgesandt sind.

Ich bin überzeugt, daß die sichtbare Aktivität, die sich heute weithin in die christliche Arbeit eingeschlichen hat, die Ursache dafür ist, daß die gläubige Gemeinde weit von dem abgekommen ist, was der Herr Jesus unter echter Jüngerschaft versteht. Es scheint sich bei uns eingebürgert zu haben, etwas Außergewöhnliches für Gott tun zu müssen, das dann sozusagen ein Zeichen oder Beispiel für unseren Mut und unser Opfer ist, damit jeder es mit offenem Mund bestaunt und sagt: Was für ein großartiger Mensch! Dafür brauchen wir keine Gnade Gottes. Unsere natürliche Veranlagung und unser Stolz bringen uns durch manche Lebenskrise. Sie können die Beweggründe sein, daß wir unser Heim verlassen und uns im Dienst für Gott verzehren. Die Welt sagt: Was ist das für ein Mensch! Dazu brauchen wir keine Gnade. Das kommt aus unserem Fleisch. Aber von ganzem Herzen möchte ich betonen, daß Gnade von Gott nötig ist, wenn es gilt, Mühsal und Armut durchzustehen und wie ein unbekannter Heiliger von jedermann unbeachtet zu leben. Wenn die Vollmacht hinter unserer Arbeit für den Herrn steht, sind wir in alltäglichen Dingen zu Außerordentlichem bereit, manchmal unter niederträchtigen Menschen und in widriger Umgebung. Nur der Mensch, der vom König aller Könige gesandt ist, kann das auf sich nehmen, und nur der Mann, der eine wahre Last vor Gott auf sich genommen hat, wird das verkraften.

Nach drei Jahren inniger Gemeinschaft mit Jesus Christus verließen ihn alle Jünger und flohen. Sie waren mit sich selbst und mit ihren eigenen Möglichkeiten am Ende, und sie erkannten: Wenn es mit uns anders werden soll, brauchen wir einen neuen Geist. Und Jesus gab ihnen seinen Geist und sagte: »Wie mich mein Vater gesandt hat, so sende ich euch. Nehmet hin den Heiligen Geist!« – Sind wir zu dem Werk, das wir heute tun, von Gott gesandt worden? Wenn es nicht so ist, sollten wir so schnell wie möglich damit aufhören; je eher desto besser. Nehemia wußte nicht nur, daß er gesandt war, sondern er wollte auch sicher geleitet werden. Habe ich das Recht, nach Sicherheit im Dienst meines Herrn zu fragen? Gewiß nicht im *physischen* Sinn; denn wir sind aufgerufen, unser Leben um des Evangeliums willen einzusetzen, wenn es nötig ist mit dem eigenen Leben. Das Todesurteil steht grundsätzlich über uns allen, wie es auch bei Paulus war. Aber wir haben einen Anspruch darauf, im *geistlichen* Sinn sicher und unbeschadet durchzukommen. Nehemia hatte Männer, die ihn auf der Reise beschützten. Niemand sollte *allein* auf Gottes Arbeitsfeld oder zu einem anderen Dienst für seinen Herrn gehen. Er muß Menschen hinter sich haben, die beten, die ihm geistlich ständig verbunden sind. Wer auf den Ruf Gottes hin an die Arbeit geht, wird vielen niederschmetternden Enttäuschungen begegnen. Gefahren werden auf ihn zukommen, die er vorher nie gekannt hat. Er wird Versuchungen unterworfen sein, die ihm bis dahin völlig fremd waren. Er muß Einsamkeit durchstehen, wie er sie sich vorher nie hätte vorstellen können, und Heimweh ertragen, von dem er annahm, er hätte es als kleiner Junge in der Schule längst überwunden und abgelegt. Aber derjenige, der alles im Leben verlassen hat, was ihm wert und teuer war, darf geistlichen Schutz für sich in Anspruch nehmen und ihn von den Menschen erwarten, die beten und die sich vor allem in seine Nöte versetzen und sie vor den Thron der Gnade bringen können. Manchmal verläßt ein Missionar seine Heimat, und nach seiner Abschiedsansprache ist er vergessen.

Wahrscheinlich werden viele von uns niemals im Auftrag Gottes in ein fernes Land reisen, aber jeder von uns kann ein Werkzeug in der Hand Gottes sein, um einen Missionar vor geistlicher Einsamkeit und Niedergeschlagenheit zu bewahren, weil er weiß, daß er in unseren Herzen einen festen Platz einnimmt. Darum erleiden manche auf dem Missionsfeld Schiffbruch und kommen angeschlagen nach Hause, weil sie in der Heimat viele vergessen haben.

Nehemia wollte aber auch versorgt sein. Es gibt Menschen, die meinen, daß alles, was ein Missionar für seine Zurüstung und Sicherheit gebraucht, darin besteht, ihn einfach irgendwo im Dschungel Afrikas mit dem Fallschirm abzusetzen und ihn dort sich selbst zu überlassen. Gott wird ihn in der Not versorgen. Das scheint sehr schön, wenn man am sicheren Fallschirm hängt. Nennen wir das Glauben? Nein, mein Freund, das ist reiner Mord. – Sind wir mitbeteiligt am Unterhalt der Missionare draußen auf dem Missionsfeld? Geben wir ihnen nach unserem Vermögen? Schicken wir Lebensmittel, Kleider, Medizin und andere Dinge, die draußen so nötig gebraucht werden? Das ist eine weltweite Aufgabe, an der jeder Christ sich beteiligen sollte. Aber Aufbau für Gott erfordert mehr als nur materielle Güter. Er braucht geistliche Nachschubkräfte. Sind wir damit heute in der Arbeit, die wir tun, versorgt worden? Füllte Gott unsere Not aus? Haben wir das erhalten, was für unsere Arbeit benötigt wird? Der Apostel sagte den Ephesern: »Aber jedem von uns ist Gnade gegeben nach dem Maß der Gabe Christi« (Eph. 4, 7). Ja, er verspricht Gnade für alles, was unter seinem Willen für uns geschieht, aber nicht für das, was außerhalb seines Willens liegt.

Wenn wir in einer Sonntagsschule unterrichten, ist nicht unsere Fähigkeit zum Lehren entscheidend, sondern der Geist, den wir durch unsere Lehre weitergeben. Sind wir versorgt? Wenn wir uns zum Predigtdienst ausbilden lassen, ist nicht die Fähigkeit, die Bibel als Lehrbuch zu erfassen, entscheidend; auch nicht, ob wir viele Bibelsprüche auswendig können, sondern allein die Gnade, mit der wir das Wort Gottes in der Vollmacht des Heiligen Geistes aufnehmen und verkündigen. Sind wir damit ausgerüstet? Oder sind wir so in Spannung und unter Druck und am Ende unserer Kräfte, daß es uns sehr schnell in der Stille klar würde, so nicht unter dem Willen Gottes zu stehen? Es gilt, gesandt zu sein, sicher geführt zu werden, mit allem versorgt zu sein, ehe ich das Wagnis eingehe, in den Dienst des Herrn zu treten, was immer es auch sein mag – ich muß gewiß sein, daß ich nur deshalb gehe, weil Gott mich gesandt hat. Ich muß wissen, daß ich sicher geleitet werde, weil Menschen für mich beten. Ich muß wissen, daß ich versorgt bin in der Arbeit, die ich unter seiner Gnade tue. Wenn ich diese Gewißheit nicht habe, wie ich jetzt aus geistlichen Kraftquellen leben soll, werde ich es nie lernen, wenn die Lage schwierig wird.

Kampf für Gott

Zum Schluß wollen wir nicht nur über die Last nachdenken, die Nehemia trug, und die Segnungen, die er begehrte, sondern wir wollen gemeinsam über den Kampf nachdenken, den er auslöste: ». . . verdroß es sie sehr, daß ein Mensch gekommen wäre, der Gutes suchte für die Kinder Israel« (V. 10). Wir werden Saneballat und Tobia noch an anderer Stelle begegnen. Ich möchte deutlich machen, daß sie genau wußten, was Nehemia vorhatte. Er war um das Wohl der Kinder Israel besorgt. Dies allein war sein Motiv. Er verfolgte keine eigennützigen Ziele, keine eigenen Interessen, keine eitlen Absichten, keine Wünsche nach persönlichem Ruhm. Deshalb war er ein gezeichneter Mann. Und sobald ein solcher Mann sagt: »Laßt uns aufstehen und bauen!« sagen seine Feinde: »Laßt uns aufstehen und ihm Einhalt gebieten!« Er allein verursachte die Auseinandersetzung und zog den Ärger des Feindes auf sich. Er allein gab den Anstoß für die Feindschaft des Saneballat und Tobia.

Es gab noch viele andere Juden in Jerusalem, und sie hatten lange Zeit dort gelebt. Aber sie bekümmerte nicht die niedergerissene Mauer und damit ein erbärmliches Zeugnis vor den Heiden. Sie waren mit den Dingen zufrieden, so wie sie waren. Sie dachten nicht daran, daß es für den Namen Gottes eine Schande war. Für den Teufel waren diese Menschen keine drohende Gefahr. Aber Nehemia war ein Mann, dem eine Last auferlegt war, der gesandt und ausgerüstet war, ein Mann mit einer geistlichen Schau und Berufung. Dieser Mann war in seiner ganzen Haltung eine lebendige Kriegserklärung gegen die bestehenden Zustände. Und als der Feind seine Entschlossenheit sah, verlorenen Boden wiederzugewinnen, erwachte bei ihm sofort der Widerstand. Im geistlichen Bereich entsteht nur dann eine Kampfsituation, wenn der Christ im Aufbruch ist. Satan macht sich keine großen Gedanken über die Kirche im allgemeinen, es sei denn, daß ein Christ in selbstloser Hingabe nur die Ehre Gottes sucht und entschlossen ist, den satanischen Griff nach den Herzen und Leben der Menschen im Namen Gottes abzuwenden.

Verursacht unser Dienst für Gott dem Teufel Ärger und Verdruß? Wie viele Überstunden muß der Teufel wegen unserer Gemeinde verrichten? Diese Fragen können dadurch beantwortet werden, daß wir einige andere stellen: Sind wir an etwas anderem interessiert als am Wohlergehen des Volkes Gottes? Haben wir andere Ziele, als allein Gott zu gefallen? Geht es uns darum, daß allein unser Herr geehrt wird? Nur, und nur dann ist Satan leidenschaftlich gegen uns.

Das sind harte, ernste Fragen, denen ich mich selbst auf meinen Knien aussetzen muß. Gott hat mein Leben überprüft, und ich möchte bitten, daß wir das auch in unserem Leben geschehen lassen. ». . . auch will ich dem Herrn kein Brandopfer bringen, das mich nichts kostet.« Ich weiß, um was es geht, wenn ich sage, daß die kostbarste Zubereitung die ist, ganz allein in das Angesicht Jesu Christi zu schauen, ohne Beifall, so ganz allein, und wenn ich zu ihm sage: »Herr Jesus Christus, in dieser Aufgabe suche ich nur deine Ehre und daß Menschen Segen empfangen.«

Habe ich damit ein hartes, rauhes Bild gezeichnet? Ja, es ist eine harte und keine angenehme Aufgabe. Aber wenn jemand in einer Gemeinde eine Arbeit für Jesus beginnt, dann soll er es gleich von Anfang an wissen, was auf ihn zukommt. Denn dann kann er nicht klagen, man hätte ihn im unklaren gelassen. Viele mögen resignieren, weil ihnen der Preis, den sie zahlen sollen, zu hoch erscheint. Aber einige, denen die Last auf dem Herzen liegt, sind besser als viele, bei denen das nicht so ist. Gott sucht Qualität, nicht Quantität. Heute zählt leider nur die Masse, aber Gott rechnet mit dem einzelnen.

Vor der neuen Aufgabe

Nehemia 2, 11–20

Das zweite Kapitel des Nehemiabuches zeigt uns wesentliche Grundzüge für die Arbeit im Reich Gottes. Nehemia war vom König ausgerüstet und ausgesandt worden. Er hatte eine dreimonatige Reise auf sich genommen und war in Jerusalem angekommen, um die gewaltige Aufgabe, die ihm Gott anvertraut hatte, in Angriff zu nehmen. Welchen Einblick geben uns diese Verse in den Charakter und in die Frömmigkeit dieses wahren Gottesmenschen? Welchen Einblick auch in die Methoden, die wichtig sind für das Gelingen einer Arbeit für den Herrn?

Doch wir lesen die Bibel nicht in erster Linie, um Charakterstudien eines Mannes zu betreiben oder um christliche Methoden kennenzulernen. Wir lesen die Bibel, um Gott zu begegnen. Eine Botschaft hat nur Wert, wenn sie uns in die unmittelbare Gegenwart unseres Heilandes und Retters bringt.

Ich möchte uns auf drei Punkte hinweisen, die für den Dienst im Reich Gottes wichtig sind und die diese Verse klar zum Ausdruck bringen. Wir wollen das Augenmerk in diesem Abschnitt auf unsere Arbeit für Gott richten. Ist sie erfolgreich? Ist sie geistlich? Oder sind wir darüber unzufrieden? Ist sie nur noch Routine? Kommt trotz all unseres Bemühens kein Segen dabei heraus? Wenn ja, dann wollen wir uns fragen und zugleich den Heiligen Geist bitten, uns zu lehren, ob die Ursache darin liegt, daß einer der drei wichtigen Punkte in unserer Arbeit für den Herrn übersehen wird. Vielleicht nicht ganz, aber doch teilweise.

Geistliche Bestandsaufnahme

Als ersten wichtigen Punkt möchte ich die Bestandsaufnahme nennen. Bevor Nehemia begann, war er entschlossen, die menschlich hoffnungslose Lage kennenzulernen. Wir erleben in diesen Versen einen Mann, der den Plan Gottes in seinem Herzen trug. Er besprach sich nicht mit Fleisch und Blut; denn er sagte niemandem von dem, was Gott ihm aufs Herz gelegt hatte. In seiner Seele hatte er einen geheimen Platz, der nur für ihn und seinen Gott vorbehalten war. Es ist gut, geistliche Freunde zu haben; aber es ist gefährlich, das Herz auf der Zunge zu tragen. Deshalb sollten wir uns einen geheimen Platz in unserem Herzen erhalten, zu dem nur wir selbst und Gott Zugang haben.

Hier haben wir einen Mann vor uns, der eine angeborene Führernatur besaß, entschlossen, und doch von zurückhaltender Art. Ein Mann, der nicht in der Hast stand. Nehemia hielt sich drei Tage in Jerusalem auf, bevor er begann, die Lage zu erkunden. Er fing nicht mit der Arbeit für den Herrn an, bevor er nicht vor Gott die Kosten überschlagen hatte. Aber wenn er erst einmal die Hand an den Pflug gelegt hatte, dann gab es kein Zurück mehr. Er zog seine Hand erst in dem Augenblick ab, als er sagen konnte: »Die Arbeit ist getan.«

Nehemia unternahm bei Nacht im Sattel auf einem Pferd die erste Inspektion. Er ritt zum Taltor hinaus um die ganze Stadt. Nachdem er die Mauern besichtigt hatte, kehrte er durch dasselbe Tor wieder zurück. Manchmal mußte er vom Pferd absteigen und stolperte über die Trümmer. So groß waren der Verfall und die Verwüstung. Dennoch, in der ganzen Nacht, als andere fest schliefen, untersuchte Nehemia – hellwach im Bewußtsein der ungeheuren Not, rings um ihn nur Schmach und Schande – die Lage. Er sah die zerstörten Mauern und erkannte die Schwere der Arbeit, zu der ihn Gott berufen hatte.

Achten wir auf den Kummer in seinem Herzen, als er über die Ruinen stolperte, die zerfallenen Reste einer einst mächtigen Festung. Immer wenn ein gutes Werk für Gott getan werden soll – ein solides, kein oberflächliches –, muß der Diener zuvor eine solche Inspektionsreise unternehmen wie Nehemia. Er muß die Nacht in den Ruinen trauern; er muß im einsamen, finsteren Gethsemane im Gebet ringen. Es ist äußerst töricht, wenn man sich weigert, die hoffnungslose Lage so zu sehen, wie sie nun einmal ist. Es ist im Dienst für Gott lebensnotwendig, bewußt auch das Schlimmste und Schwerste ins Auge zu fassen. Wenn der Heilige Geist eine Bewegung in Gang setzt, dann beginnt sie damit, daß ein Mensch wie Nehemia da ist, der den Mut hat, sich den Tatsachen zu stellen, sie zu durchschauen und dann die Aufgabe anzugreifen.

Sind unsere Herzen schon in dieser Weise beunruhigt worden? Haben wir schon einmal eine Stunde Schlaf geopfert über den geistlichen Tod in unserer Gemeinde und in unserer Stadt? Hat uns das zutiefst beunruhigt und wachgehalten, während andere schliefen? Haben wir schon einmal in die Nacht geschrieen: »O Gott, was kann ich tun?« Sind wir darüber bekümmert, daß viele Menschen in unserem Land so wenig die Bibel kennen wie Heiden in Brasilien oder Afrika? Versetzt es uns in Unruhe, daß unzählige Millionen Menschen heute ohne Christus leben? Können wir es ertragen, daß dreißig Millionen jedes Jahr sterben und daß in jeder Sekunde ein Mensch in die Ewigkeit geht, von dem kaum einer Jesus wirklich erlebt hat? Sind das für uns nur belanglose Statistiken, oder lassen sie uns das Herz bluten?

Ein bedeutender Evangelist in Amerika, Samuel Hadley, ging nachts durch die Straßen einer Stadt. Nachdem er in einige der großen Nachtklubs hineingeschaut hatte, lehnte er sich an einen Laternenpfahl, stöhnte und rief: »O Gott, die Sünde dieser Stadt bricht mir das Herz!«

Wie kalt sind doch oft unsere Gebete. Die alltägliche Routinearbeit nimmt so viel Zeit in Anspruch, daß wir dann kaum Zeit haben, um still zu werden und zu fragen: »Herr, was willst du, daß ich tun soll?« Wie sorglos und gedankenlos leben wir als Christen in den Tag hinein. Wie arm ist unser Zeugnis. Und wie oft gehen wir Kompromisse ein. Bevor Gott eine Erweckung schafft, will er unsere Herzen zerbrechen. Ist uns das bewußt? Vielleicht denken wir, daß das Leidtragen über eine Welt im Zerbruch und über die Sünde im eigenen Leben uns in tiefe Verzweiflung stürzt. Aber das ist nicht so. In das schmerzerfüllte, verwundete Herz des Nehemia legte Gott die lebendige Gewißheit, was er mit Jerusalem tun wollte. Der ungeheuren Not einer Arbeit für den Herrn können wir nur begegnen durch das grenzenlose Vertrauen auf die Gnade und Macht unseres Retters. Bibelschüler und Studenten, Knechte und Mägde im Dienst für Gott dürfen sich nie der Pflicht entziehen, zuerst einmal genau die tatsächliche Lage zu erkennen und ihr auf den Grund zu gehen. Wir sollen nie in den Dienst für den Herrn treten, ehe wir nicht die Kosten überschlagen haben.

Wenn wir aber die Not tief empfunden, die Last im Herzen gespürt und die Kosten überschlagen haben, dann sollten wir getrost vertrauen, daß Gott, der uns gerufen hat, jeden Mangel ausfüllt. Und dann gilt es geradlinig den erkannten Weg zu gehen. Wir wollen dabei nicht zurückschauen und die Hand von dem Pflug abziehen bis zu dem Tag, an dem wir unserem Herrn von Angesicht zu Angesicht sagen können: »Ich habe die Arbeit, die du mir aufgetragen hast, getan.«

Zusammenarbeit

Das zweite Wort, das der Schlüssel für diesen Abschnitt ist, heißt »Zusammenarbeit«. Vers 17 berichtet, wie Nehemia die ungeheure Arbeit erkannt hat. Er wußte, sie kann nur getan werden, wenn ihn andere tatkräftig unterstützten. »Kommt, laßt uns die Mauern Jerusalems bauen, daß wir nicht mehr eine Schmach seien!« Die Tatsache, daß die Stadt, die einst die Mitte für Gottes Handeln mit seinem Volk war, in Ruinen lag, war nicht nur eine Schmach für sie selber, sondern eine Schmach für die Ehre des Namens ihres Gottes. Das war die Antriebskraft und die Macht, die hinter der Erweckung stand. Es war nicht nur Schmach für Israel, es war Schande für Jahwe. Das Volk gehörte dem einen Gott, und deshalb sollten sie auch in derselben Arbeit zusammenstehen. Eins zu sein in der Sicht der Dinge, bedeutet Eins-sein im selben Auftrag.

Wenn wir uns das dritte Kapitel des Nehemia genau anschauen, merken wir, wie gründlich und solide Nehemia seine Arbeit plante. Ich bin froh darüber, daß wir uns durch die Gnade Gottes fragen lassen dürfen, ob unser Leben nicht nur geistlich, sondern ob es damit auch wirkungsvoll ist. Es soll nicht so sein, daß ein Christ einfach blindlings handelt. Er sollte vielmehr in der Arbeit eine Strategie entwickeln. Nehemia teilte die Arbeit unter zweiundvierzig Gruppen auf. Er hielt nicht viel von dem Ein-Mann-System. Gewiß, eine Leitung muß sein, aber jeder im Volk Gottes muß einen festen Arbeitsplatz im Werk des Herrn einnehmen.

An der ganzen Mauer um die Stadt arbeiteten sie mit dem einen Verlangen, sie fertigzustellen. Jede Gruppe war bestrebt, den ihr aufgetragenen Teil auch zu vollenden. Sie waren weder eifersüchtig auf das, was andere taten, noch mischten sie sich in deren Angelegenheiten ein. Gott hatte jedem seinen Teil zum Wiederaufbau der Mauer zugeteilt, und deshalb machten sie sich mit Energie und Ausdauer an die Arbeit. Alle Gruppen aber waren miteinander verbunden. Wie wunderbar! Man kannte den Nachbarn an seiner Mauer und war dankbar für die gute Zusammenarbeit. So arbeiteten alle trotz der unterschiedlichen Aufgaben wie ein Mann rund um die Mauer. Es gab keine Trennung. Alle standen einmütig zusammen und wußten sich voneinander abhängig. Weil sie dieselbe Schau hatten, waren sie auch eins in der Sache.

S. D. Gordon sagt: »Zusammenarbeit vermehrt den Nutzeffekt in erstaunlichem Maße. Wenn zwei Leute in vollkommener Übereinstimmung zusammenarbeiten, erreichen sie das fünffache von dem, was sie bei getrennter Arbeit schaffen würden.« Die Bibel sagt: Wo einer mit Tausend fertig wird, da können zwei mit Zehntausend fertigwerden (5. Mose 32, 30). Das gilt sowohl für das Gebet als auch für die Arbeit. »Eine einige Gemeinde«, sagt S. D. Gordon weiter, »ist uneinnehmbar. Aber sobald die Zusammenarbeit als ein entscheidender Punkt aufgegeben wird, schwindet die Vollmacht.« *Eine* Mannschaft, die *gemeinsam* nur für Gott arbeitet – das ist Kooperation.

Es muß uns unbedingt bewußt bleiben, daß alle Christen nur ein Leben haben. Aus der Sicht der göttlichen Welt zählt nur ein Leben vor Gott, und das ist das Leben unseres Herrn Jesus Christus, das in jedem Jünger Jesu durch den Heiligen Geist wohnt. Das ist eine wunderbare Gemeinschaft. Weil wir nur ein Leben miteinander haben, haben wir auch nur ein Ziel und einen großen Auftrag: mitzuhelfen, daß neues Leben im Reich Gottes entsteht. Und solch eine Aufgabe erfordert hundertprozentige Zusammenarbeit im Volk Gottes. Das ist unbedingt lebensnotwendig. Die größte Bedrohung für die Erweckung ist der Christ, der sich weigert, mit anderen Christen zusammenzuarbeiten, nur weil er in gewissen biblischen Aussagen, die für die Evangelisation von geringer Bedeutung sind, eine andere Meinung hat.

Es ist überaus bedeutsam zu sehen, daß Nehemia jede Gruppe an der Stelle zur Arbeit am Mauerbau einsetzte, die ihren Häusern am nächsten lag. Es muß besonders betont werden, daß unsere erste Aufgabe als Christen immer in unserer nächsten Umgebung liegt. Deshalb sollte sich jeder Gläubige vor Gott sagen: »Ich will meine nächste Umgebung zum Missionsfeld machen. Ich will mich bemühen, daß hier jede Familie mit evangelistischem Schrifttum versorgt und zum Gottesdienstbesuch eingeladen wird.«

In der Arbeit für Gott sollten die Organisation und das mühevolle Ringen um jeden einzelnen zusammenwirken. Oft genug aber hat das menschliche Planen das Übergewicht gewonnen. Wir arbeiten zuviel vor den Augen der Menschen und verharren zuwenig in der Stille vor Gott. Wir haben zuviel geschäftlichen Betrieb empfangen, aber immer weniger die geistliche Zurüstung von dem Herrn. Wir ringen mit Problemen in endlosen Sitzungen und Konferenzen, aber wir ringen selten auf unseren Knien gegen Satan, unserem wahren Gegner. Manche Ausschüsse haben ein bewunderungswürdiges Programm, aber die geistliche Not liegt nicht als Last auf ihnen. Daß Gott es uns doch aufs Herz legte, geistlich miteinander in seiner Arbeit eine volle Übereinstimmung zu haben und so zusammenzuwirken. Wir haben keinen Platz für christliche Einzelgänger. Wir sind in die höchst wichtige Aufgabe gestellt, die Welt für Gott zu gewinnen. Und dazu braucht es unseren geschlossenen Einsatz.

Die Grundlagen der Arbeit für den Herrn sind Bestandsaufnahme, Zusammenarbeit und

Entschlossenheit.

Die Verse 19 und 20 zeigen, daß Nehemia vor großen Schwierigkeiten durch Saneballat, Tobia und Gesem steht. Diese drei wenden verschiedene Taktiken an, die wir später noch im einzelnen untersuchen werden. Aber zunächst möchte ich uns auf den großen Mut aufmerksam machen, mit dem Nehemia ihnen bei dem ersten heftigen Zusammenstoß begegnet, als sie ihn mit Verachtung strafen. »Da aber das Saneballat, der Horoniter, und Tobia, der ammonitische Knecht, und Gesem, der Araber, hörten, spotteten sie unser und verachteten uns und sprachen: Was ist das, das ihr tut? Wollt ihr von dem König abfallen? Da antwortete ich ihnen und sprach: Der Gott des Himmels wird es uns gelingen lassen; denn wir, seine Knechte, haben uns aufgemacht und bauen; ihr aber habt kein Teil noch Recht noch Gedächtnis in Jerusalem.«

Nehemia sagte ihnen zunächst einmal die Wahrheit über Gott. Er weist auf die gute Hand Gottes hin, die über ihm steht, und erklärt, daß der Gott des Himmels es den Israeliten gelingen lassen wird. Schließlich war es Gottes Werk, das er mit ihnen vorhatte. Er sagte dann aber auch die Wahrheit über sich und seine Arbeiter. Sie standen im Auftrag Gottes, es war Gottes Arbeit. Ganz gleich, was der Feind auch tat, sie waren fest entschlossen, das Werk fortzuführen. Nehemia sagte schließlich auch die Wahrheit über den Feind: »Ihr habt kein Teil noch Recht in Jerusalem. Da ist nichts, das euch hier gehört. Ihr habt keinen Anspruch auf diesen Ort und keinen Anteil. Und wenn die Mauer fertig gebaut ist, werdet ihr außerhalb stehen; deshalb macht euch davon!« Nehemia sprach mit Mut und Vollmacht zu seinen Feinden.

Hier ist ein Mann in den Dienst Gottes gerufen, bei dem wir drei wichtige Kennzeichen für die Arbeit und den Dienst eines Christen lernen können: Bestandsaufnahme, Zusammenarbeit und Entschlossenheit.

In diesem seinem Einsatz beim Mauerbau wird Nehemia zum Vorbild auf unseren Heiland Jesus Christus, als er uns errettete. Unser Retter und Heiland hat sich dafür geopfert, Leben, das von der Sünde zerstört war, wieder zu erneuern. Wenn das Kreuz eines deutlich machen will, dann dieses: die Schmach und Schande des Gerichtes über den Menschen. Durch seinen Tod hat er es vollbracht, daß arme, hilflose, sündige Menschen wie wir es sind, rein, ohne eine Spur von Schuld vor Gott stehen können. Wie ist das geschehen? Zuerst durch eine entscheidende Bestandsaufnahme.

Der Herr sah unser Herz an. Er durchschaute einen Petrus bis ins Innerste. Er erforschte das Herz des reichen Jünglings, entdeckte Nathanael in seiner Verborgenheit. Durfte Jesus so auch unser Leben jemals überprüfen? Es ist erstaunlich, wie Christen es oft fertigbringen, sich hinter dem Glaubensbekenntnis, der Lehre und einem Kopfglauben an die Bibel zu verschanzen und dann in ihrem Einsatz hart und zynisch werden, so daß die Arbeit, die eigentlich behutsam ausgeführt werden sollte, schon im Keim zerstört wird. Ist das unser Bild? Lassen wir uns von Jesus auf Herz und Nieren prüfen? Wir sollten ihm stillhalten und unser Leben von ihm durchleuchten lassen. Ich werde nie den Segen in meiner Verkündigung erfahren, nach dem ich mich von ganzem Herzen sehne, wenn ich nicht bereit bin, Jesus zu bitten, mir auch das Schlimmste in meinem Leben aufzudecken. Haben wir schon so vor unserem Herrn gestanden? Und wie stehen wir zu anderen Menschen? Wie zu unseren Verwandten und Nachbarn? Wie sieht es vor allen Dingen in unserem Privatleben aus? Manchmal wird es mir in meinem Herzen bewußt, daß der Heilige Geist meinen Charakter, meinen Sinn, meinen Glauben erforscht. Ich möchte ihn wirken lassen und dann seine Stimme hören, daß sie zu mir sagt: »Mein Kind, komm laß uns aufstehen und bauen, damit wir nicht mehr länger eine Schande sind.«

Ist es nicht erschütternd, wie wir heute leben, wenn wir uns im Licht des Kreuzes betrachten? Wir sind so wenig bereit, geistliche Verantwortung zu übernehmen und haben kaum geistliche Interessen, jedenfalls weiß ich das von mir. Die Dinge, um die wir uns kümmern, nach denen wir trachten und die unser Herz und Leben ausfüllen, sind oft so wertlos. Aber Jesus sagt zu uns: »Komm und laß uns zusammen bauen!« Er kann nichts für uns tun, wenn wir es nicht wollen. Es ist nicht eine Frage meiner Fähigkeiten, ob ich mein Leben erneuern lasse oder die Mauer, die zusammengebrochen ist, wieder aufgebaut wird. Es ist nicht eine Frage meiner inneren Verfassung, meines Vermögens oder meiner Stimmungen. Gottes Geist kann mit all dem fertig werden. Allein meine Bereitschaft ist entscheidend. »Du willst nicht zu mir kommen, damit du Leben bekommst«, mahnt der Herr. Das aber geschieht nicht durch meinen Willen, durch meine Kraft, sondern allein durch die Macht der Gnade.

Es gibt viele Menschen, die Gott nicht zum Segen setzen kann. Das sind Menschen, die zufrieden sind mit dem Zustand, in dem sie sich – im Licht Gottes besehen – im Augenblick befinden. Sie sagen: »Wir sind reich und satt, uns fehlt nichts«, aber in Wahrheit sind sie »elend und jämmerlich, arm, blind und bloß« (Offb. 3, 17), und in verzweifelter Not, wie es Gott uns sagt. Wenn ein Mensch behauptet: »Ich weiß nicht, wovon Sie sprechen, mir geht es glänzend«, dann kann ich nur sagen: »Mein Freund, laß Gott heute zu dir reden und dein Leben erforschen.«

Das nächste ist die Zusammenarbeit. Hat Gott meine Einwilligung, frei über mich verfügen zu können? Ich sage dir, Gott ruht nicht, bis wir ihm unser Leben ohne Vorbehalte zur Verfügung gestellt haben. Er hat die Kosten überschlagen, und er läßt das Werk nicht unvollendet liegen. Das ist seine Absicht. Er sagt: »Ich will, daß die, die du mir gegeben hast, bei mir sind« (Joh. 17, 24). Das ist Gottes Wille.

Die Ehre Gottes läßt es nicht zu, daß ein Menschenleben, das ganz an Jesus hingegeben ist und in dem er lebt, schließlich doch verlorenginge. Wer sich ihm überlassen, anvertraut, hingegeben, geweiht hat, ist errettet für Zeit und Ewigkeit, so wahr es eine Treue Gottes, ein Wort Gottes und eine Verheißung Gottes gibt. Sind wir in die Mauern des neuen Jerusalems, der Stadt, die Jesus für uns bereitet hat, so als lebendige Steine mit eingebaut? Oder stehen wir draußen?

»Ich bin die Tür«, sagt Jesus. »Wer durch mich eingeht, soll errettet werden, und er wird ein- und ausgehen und Weide finden« (Joh. 10, 9). Das ist die Himmelstür, die Tür, die das Herz des Herrn Jesus öffnet. »Ich bin die Tür«, sagt er. Aber an anderer Stelle heißt es: »Siehe, ich stehe vor der Tür und klopfe an. Wer meine Stimme hört und öffnet mir, zu dem werde ich eingehen.« Wenn ich diese Tür verschlossen halte, wird mir auch die Tür zu Gottes Vaterherzen verschlossen bleiben. Ohne ihn können wir nichts tun, aber mit ihm können durch uns große Dinge geschehen, zerfallene Mauern neu erbaut werden.

Bestandsaufnahme, Zusammenarbeit, Entschlossenheit. Das erleben wir am Heilshandeln Jesu. Sie wirkten mit zu unserer Errettung, sind Voraussetzungen zum Heil der Menschen. Jesus hat so unser Leben erforscht, die Bereitschaft zur Hingabe geprüft und erweckt und es so zum geistlichen Entschluß und Handeln kommen lassen. Ich bin gewiß, daß dieselben Grundlinien, nach denen der Herr Jesus Menschen errettet und bewahrt, auch für unseren Dienst, unsere Verkündigung und unser Zeugnis bestimmend sind.

Der Beginn der geistlichen Bewegung

Nehemia 3, 10. 23. 29. 30

Das Wort 1. Korinther 3, 11–13 aus dem Neuen Testament könnte eine gute Einleitung zu Nehemia 3 sein: »Einen anderen Grund kann niemand legen außer dem, der gelegt ist, welcher ist Jesus Christus. So aber jemand auf diesem Grund baut Gold, Silber, edle Steine, Holz, Heu, Stoppeln, so wird eines jeglichen Werk offenbar werden: Der Tag wird es klar machen. Denn es wird durch's Feuer offenbar werden; und welcherlei eines jeglichen Werk sei, wird das Feuer bewähren.«

Dieses Kapitel des Nehemiabuches ist die einzigartige Aufzeichnung über den Wiederaufbau der Mauer um Jerusalem. Die ganze Bevölkerung kam Nehemias Bitte um Hilfe und Mitarbeit nach, und dieser Bericht strahlt Wärme und Begeisterung aus. Jeder hatte seine bestimmte Arbeit zu verrichten, und keiner war auf den Einsatz des anderen eifersüchtig. Jeder war mit seiner besonderen Platzanweisung zufrieden, und jeder Teil der Mauer war versorgt. Der Bericht beginnt am Schaftor und führt im Uhrzeigersinn nach Westen, dann zum Norden und Osten und wieder zurück zum Schaftor im Süden. Wenn wir in Gedanken diesen Weg mitgehen, sehen wir jeden an seinem ihm zugeteilten Platz. Es gibt keine Drückeberger und keine Nörgler. Alle kannten nur das eine Ziel, die Mauer zu vollenden. Wie uneinnehmbar wäre eine Gemeinde mit einer Schar von Arbeitern wie diese. Es geht um Einigkeit im Ziel und um frohen Mut für die uns anvertraute Aufgabe, wobei gegenseitige Reibung und Unzufriedenheit dahintenbleiben sollten. In dieser Richtung müssen sich unsere Arbeit und unsere Gebete bewegen.

Zuerst in der eigenen Familie

Unsere Aufmerksamkeit fällt besonders auf einen Satz, der gleich viermal erwähnt wird in diesem Kapitel: ». . . er baute . . . gegenüber seinem Haus . . .« Hier muß jede wirkliche Arbeit für Gott beginnen – im eigenen Haus. Das ist ein Grundsatz, der sich durch die ganze biblische Offenbarung hindurchzieht. Die Jünger mußten in Jerusalem anfangen, dem Platz, an dem sie versagten und ihren Herrn verleugneten. Da, wo wir zuletzt versagt haben, muß der Sieg offenbar werden, bevor sich Türen für einen größeren Dienstbereich auftun. Das Zeugnis der Christen ist in der Öffentlichkeit nie wirksamer, als es zu Hause ist. Hier müssen wir alle anfangen. Eine Gemeinde ist innerlich nur so stark wie ihre Familien; denn die Gemeinde setzt sich aus Familien zusammen. Wenn wir um Erweckung in unseren Gemeinden beten, dann sollten wir zunächst an die Familien denken.

Was für einen herrlichen Inhalt erschließt das Wort »Heim«. Hier finden sich die heiligsten und innigsten Lebensbande. Hier werden Freude und Leid miteinander geteilt. Hier wird die Treue Gottes erprobt und sein Segen erfahren. Aber wie oft ist gerade hier das geistliche Leben tot und bedarf sehr dringend der inneren Erneuerung. Alle Arbeit für Gott hat hier zu beginnen, und zwar auf dem einzigen Fundament, das gelegt werden kann – Christus.

Wenn wir diesen Bericht aufmerksam lesen von denen, die in der Nähe ihres Hauses mit dem Wiederaufbau begannen, beeindruckt zunächst die Bedeutung der Namen. In der hebräischen Sprache versinnbildlicht der Name oft die Wesensart seines Trägers. Das gilt auch von den Namen, mit denen im Alten Bund Gott genannt wurde. Immer machen sie uns einen besonderen Wesenszug Gottes deutlich. Das galt aber auch für andere bedeutsame Persönlichkeiten wie Mose, Josua, den »Retter«, Jakob, den »Betrüger«. Jeder Name stand in enger Beziehung zum Charakter der Person.

Schauen wir uns die Namen der vier an, die gegenüber ihrem Hause bauten. Ich vertraue darauf, daß uns der Heilige Geist dabei deutlich macht, daß wir zu Hause damit beginnen müssen, wenn wir die Segnungen Gottes erfahren wollen. Vers 10 heißt es: »Und neben ihm baute Jedaja, seinem Haus gegenüber.« Der Name dieses Mannes bedeutet »Einer, der Gott anruft«. Jedaja war also ein Mann, der beten konnte, dessen Leben auf Gebet gegründet war.

Ich möchte uns fragen, liebevoll und hautnah zugleich: Liegt die Gebetsmauer in unserer Familie in Trümmern? Oder haben wir noch die stille Zeit an jedem neuen Tag, an dem wir mit unseren Lieben Gottes Wort gemeinsam lesen, miteinander niederknien und gemeinsam beten? Vielleicht haben wir in den ersten Ehejahren einmal als Mann und Frau so begonnen; aber jetzt sind wir zu beschäftigt, müde und gehetzt. Vielleicht sind wir sogar an einem Punkt angelangt, an dem wir sagen: »Darauf legen wir keinen Wert mehr.« Ist unser Heim noch das, was es früher einmal war, ein harmonischer, behaglicher und freundlicher Ort, an dem man sich wohlfühlen kann, ein wirkliches Daheim? Oder fallen heute oft harte Worte, die Stimmung ist gereizt, und unser Heim bietet nicht mehr die Geborgenheit, die es früher einmal ausstrahlte. Unsere Kinder haben das wahrscheinlich längst gespürt und sind deshalb den Glaubensfragen gegenüber gleichgültig geworden.

Wie dringend nötig müßte die Mauer des Gebets in unserem Haus neu aufgebaut werden. Schauen wir uns die Schmach an. Vielleicht ist jemand eine Säule in seiner Gemeinde und wird mit Respekt angesehen. Er hält sogar Gottesdienst, ist ein ganz aktiver Mitarbeiter. Aber das ist dabei die Tragik: ein aktiver Mitarbeiter ist an die Stelle eines liebevollen Vaters oder einer liebevollen Mutter getreten, viel zu beschäftigt. Beginnen wir den Tag wieder damit, daß wir Gott anrufen. Erneuern wir den Altar in unserer Familie und bauen wir die eingerissene Mauer des Gebets neu auf.

Das anvertraute Gut bewahren

Vers 23 des 3. Kapitels lautet: »Nach ihm baute Benjamin und Hasub gegenüber ihrem Hause . . .« Hasub bedeutet »Gefährte«. Wir wollen uns deshalb zunächst seinem Mitarbeiter Benjamin zuwenden, dessen Name soviel bedeutet wie »der Sohn meiner rechten Hand«, der da ist, um mich zu beschützen. Wie steht es um die *behütende* und *schützende* Mauer in deinem Haus? Was bietet eigentlich einem Haus Sicherheit? Alle nur denkbaren Versicherungspolicen können das gewiß nicht erreichen. Es gibt schlimmere Feinde als Einbrecher, die die Sicherheit in unserem Haus zerstören können. Erinnern wir uns an den Segen, der Benjamin, dem jüngsten Sohn Jakobs, gegeben wurde: »Der Geliebte des Herrn wird sicher wohnen; allezeit wird er über ihm halten und wird zwischen seinen Schultern wohnen« (5. Mose 33, 12). Welch wunderbarer Schutz ist das! Wie reich ist ein Heim, in dem Mann und Frau in den Armen des Allmächtigen wohnen und bei ihm in Sicherheit und Geborgenheit leben. Solche Segnungen können unserem Haus nur durch die Gegenwart und die Macht des Herrn Jesu zuteil werden, wenn er der Herr ist, sein Wille getan wird und jedes Glied in der Familie nach dem »Reich Gottes und seiner Gerechtigkeit trachtet«. In solch einem Haus ist man zwar nicht sicher vor Krankheit, Armut, Schmerzen oder Tod, aber immer bewahrt vor Ärger, Furcht und Streitigkeiten. Die in den Armen des Allmächtigen wohnen und seinen Schutz kennen, können sagen: »Denen, die Gott lieben, wirken alle Dinge zum Guten mit.« Das ist für sie dann nicht nur ein gelernter Bibelspruch, vielleicht schon gelernt in den Kindertagen, sondern eine vollgültige Wahrheit, die sie aus ganz persönlicher Erfahrung kennengelernt haben.

Aber was soll geschehen, wenn die Mauer der Bewahrung in unserem Haus niedergerissen ist? Wir haben verlernt, zuerst nach dem Reich Gottes und seiner Gerechtigkeit zu trachten. Wir haben vergessen, unser Heim unter Gottes Schutz zu stellen, und im Laufe der Jahre hat sich deshalb eine ernste Zersetzung und Auflösung breitgemacht. Wie mancher mag sich in der Stille schon mal gefragt haben, wie lange sein Heim und seine Familie überhaupt noch zusammenhalten. Es ist nichts dringender, als daß wir uns die Ruinen in unserem zerfallenen Haus bewußt machen. Aber denken wir daran: »Er kann mir bewahren, was ich ihm anvertraut habe, bis an den Tag Jesu Christi« (2. Tim. 1, 12). Aber er wird auch nur *das* bewahren, was ich ihm anvertraut habe. Es mag Bereiche in unserem Familienleben geben, die ihm noch nie ausgeliefert wurden; und deshalb sind sie auch nicht bewahrt worden. »Benjamin ruhte sicher beim Herrn zwischen seinen Schultern.« Hat unser Heim auch einen solchen Ruheort?

In Nehemia 3, 29 lesen wir: »Nach ihnen baute Zadok, der Sohn des Immer, gegenüber seinem Hause.« Zadok bedeutet »Gerechtigkeit«. Ist die Mauer der Rechtschaffenheit in unserem Haus niedergerissen? Erinnern wir uns noch an unser Gelübde an unserem Hochzeitstag, daß wir einander lieben, ehren, schätzen und bewahren wollten, bis daß der Tod uns scheidet? Waren wir treu? Sehnen wir uns nach Gemeinschaft mit unserem Partner, mehr als nach irgendeinem anderen in der Welt? Oder begehren wir nach jemand anderem, von dem wir sagen: Der ist mir sympathischer als mein Mann oder meine Frau. Die heilige Mauer der Treue muß in unserem Hause wieder aufgebaut werden, wenn es gesegnet sein soll.

Es ist eine erschreckende Tatsache, daß Tausende sogenannte christliche Familien nur deshalb zusammenbleiben, weil sie auf ihr äußeres Ansehen vor der Öffentlichkeit bedacht sind. Wo einst Liebe und gegenseitige Hingabe herrschten, findet man jetzt nur Kälte und Gleichgültigkeit. Die zerborstene Mauer der Treue zerstört nicht nur unser persönliches Zeugnis, sondern übt auch auf das Zeugnis der ganzen Gemeinde einen schädlichen Einfluß aus. Wie wunderbar ist ein Haus, in dem es keine Geheimniskrämerei voreinander gibt; wo einer dem anderen völlig vertraut und man einander ehrt.

Das Haus hüten

Achten wir darauf, daß Zadok der Sohn Immers war. Dieser Name bedeutet »gesprächig«. Kennen wir ein menschliches Organ, das mehr Schaden anrichtet als die Zunge? Gewisse Grundsätze sollten ein christliches Heim in dieser Beziehung auszeichnen. Es gibt Geheimnisse zwischen Mann und Frau, die man nur mit Gott teilen sollte. Ich bin überzeugt, daß die Mauer der Rechtschaffenheit allein wegen der Klatschsucht in Häusern zerstört wurde. Aber nicht nur die Verbindung von Mann und Frau und Kindern sollte geheiligt sein, sondern auch die Verbindung des Hauses, der Familie mit der Gemeinde. In einem bewußt christlichen Haus werden Mann und Frau nicht den Prediger in Gegenwart der Kinder kritisieren. Und wenn aufbauende Kritik angebracht ist, die wir ja alle nötig haben, wird man zuerst ernstlich die Not vor Gott ausbreiten im Gebet. In einem Haus, in dem Gott geehrt wird, werden die anderen Christen nicht verleumdet. Ist diese Rechtschaffenheit in unseren Häusern noch zu finden? In einer bewußt christlichen Familie werden weder die Gemeinde noch die einzelnen Glieder »in Stücke gerissen«. Vielleicht spricht Gott jetzt zu uns, weil wir unbedacht und leichtfertig, kritisch, schwatzhaft und unfreundlich in unserem Reden entweder über unseren Prediger, die Gemeinde oder unseren Mitbruder waren. Wir sollten uns in diesem Punkt besonders vom Geist Gottes durchleuchten lassen, denn solche Dinge blockieren eine Erweckung. Ist uns das schon einmal klargeworden? Vielleicht mahnt Gott uns jetzt, die Mauer der Unbescholtenheit wieder aufzubauen, die wir mit bösen Worten leichtfertig niedergerissen haben.

Im Vers 30 dieses Kapitels heißt es: ». . . Nach ihm baute Mesullam, der Sohn Berechjas, gegenüber seiner Kammer.« Darin ist wieder ein bedeutsamer Hinweis verborgen. Vielleicht hatte uns das bisher Gesagte nicht viel zu sagen, weil es uns nicht persönlich betraf. Ob wir uns hier angesprochen fühlen? Dieser Mesullam lebte wahrscheinlich allein in einem einzigen Raum, in »seiner Kammer«. Er war – menschlich betrachtet – unbedeutend. Ihm war nur ein sehr kleiner Teil der Arbeit anvertraut. Es schien so, als hätte es fast keinen Wert, daß man sich überhaupt darum bemühte. Sie zählte wenig. Aber der Name dieses Mannes Mesullam bedeutet »hingegeben«. Und Mesullam ist der Sohn Berechjas. Der Name seines Vaters bedeutet »Der Herr hat ihn gesegnet«. Der Segen des Herrn hängt nicht davon ab, ob ein Heim groß oder klein ist, eine Arbeit imponierend oder gering. »Der Segen des Herrn macht reich . . .«, und zwar in einem tieferen Sinn, »ohne Mühe« (Spr. 10, 22).

Nur eine kleine bescheidene Kammer war das Zuhause für Mesullam, aber sein Leben zeugt von äußerster und völliger Hingabe. Wahrscheinlich war er deshalb so zufrieden mit seinem kleinen Zuhause, weil er sich in einer geheiligten Atmosphäre befand. Er war seinem Herrn hingegeben und dankbar, daß sein Heim eine Stätte der Gegenwart seines Gottes war, so bescheiden sie auch äußerlich gewesen sein mag.

Ist die Mauer der Hingabe und der völligen Abhängigkeit von Gott in unserem Haus zusammengebrochen, dann taugt die glänzende Fassade nichts. Manch einer hat einmal für Gott in heiligem Dienst gestanden. Andere kamen in sein Haus, um mit ihm über Jesus, den Retter, zu sprechen. Nie hat er die Gebetsstunde versäumt; es auch nicht unterlassen, dem Nachbarn Jesus Christus zu bezeugen. Dann aber hat er nachgelassen in seinem Dienst. Der Gottesdienstbesuch wurde unregelmäßig, das Zeugnis unterblieb.

Oder vielleicht ist uns unser Heim zum Abgott geworden. Und es sollte doch ein Ort und Zweck des Segens sein. Viele leben nur für die Annehmlichkeiten ihres Hauses, seinen Komfort und seine Ausstattung. Sie leben für Möbel und für Teppiche. Diese Dinge füllen das Leben ganz aus. Die Mauer aber des Gebets, die Mauer der Bewahrung, die Mauer der Reinheit, die Mauer der leidenschaftlichen Hingabe an Jesus ist zerbrochen. Ist das unser Bild?

»Ich bin zu gering«, denken wir, »auf mich kommt es nicht an; ich zähle nicht.« O ja, wir zählen alle. Die Mauer ist aus einem Stück. Wenn irgendwo eine Lücke ist, mag sie noch so klein sein, wird der Feind durchbrechen. Wenn Lücken in unseren Reihen sind, ist das ganze Zeugnis der Gemeinde gefährdet. Wir können auch nicht über unser Haus den bewahrenden Segen Gottes erwarten, wenn wir unseren Nachbarn verletzten, unseren Prediger kritisieren und die Gemeinde und die Menschen, die ihr dienen, mißachten. Das gibt satanische Einbrüche. Deshalb muß die Mauer der Rechtschaffenheit an vielen Orten unbedingt wieder zwischen der Gemeinde und den Häusern und den Familien neu aufgebaut werden.

Was bedeutet das? Vielleicht bedeutet das für ein Ehepaar, daß sie anfangen, wieder aufeinander zuzugehen und zu sagen: »Wir haben nicht mehr gemeinsam gebetet. Der Altar in unserer Familie ist zerbrochen. Bevor wir uns wieder an den Tisch zum Essen setzen, wollen wir niederknien und es bekennen. Wir wollen unser Heim neu Christus ausliefern.« So wird die Mauer neu aufgebaut. Vielleicht muß ein Mann seiner Frau oder die Frau ihrem Mann gestehen: »Ich war nicht treu und wahrhaftig, und ich bekenne dir diese meine Schuld. Ich bekenne es vor dir *und* vor Gott.« So wird die Mauer der Treue wieder aufgebaut.

Es kann erforderlich sein, daß Eltern, die leichtfertig und oberflächlich über ihre Nachbarn, über die Gemeinde und ihre Glieder gesprochen haben, sich mit ihren Kindern zusammensetzen und sagen: »Wir sind schuldig geworden. Wir haben andere kritisiert und hinter ihrem Rücken geredet.«

Mein eigenes Elternhaus war nicht, wie ich es jetzt verstehe, ein christliches Heim; aber ich kann den einen Tag nicht vergessen. Er hat sich mir tief in mein Gedächtnis eingeprägt. Es waren harte Worte im Haus gefallen, die ich zufällig als Kind mit angehört hatte. Zwei oder drei Tage lang herrschte eisige Kälte zwischen meinem Vater und meiner Mutter. Aber an einem Sonntagmittag schaute mein Vater über den Tisch zu meiner Mutter hinüber und sagte: »Es tut mir leid, was ich zu dir gesagt habe. Ich schäme mich.« Ich war noch kein Christ; aber ich erinnere mich, daß ich nach dem Essen in mein Zimmer ging, niederkniete und sagte: »O Gott, ich danke dir, daß ich solch einen Vater habe. Laß mich auch so werden!« Eltern, die sich voreinander demütigen und sich entschuldigen, werden die Liebe und Dankbarkeit ihrer Kinder gewinnen.

Vielleicht bedeutet das für uns, unser Heim ganz Christus auszuliefern, daß es nicht länger mehr für uns ein Abgott ist, sondern vielmehr ein Hort des Segens für andere. Aber es könnte sein, daß jemand noch nicht das rechte Fundament in seinem Leben hat. Er stimmt mir innerlich in allem zu, was ich gesagt habe, muß mir recht geben und die Not eingestehen, daß sein Haus kein christliches Haus ist. Wenn man versucht, eine Mauer ohne Fundament zu bauen, dann wird die Mauer wieder einstürzen. Wenn wir entschlossen sind, mit unserer Frau und unserer Familie in Harmonie zu leben; wenn wir in Zukunft gemeinsam die Bibel lesen und beten wollen, um so unsere Ehegemeinschaft wieder zu festigen, dann sage ich frei heraus: Binnen einer Woche wird die Mauer, die wir errichtet haben, wieder einstürzen. Das Entscheidende, das wir tun müssen, ist, uns heute auf das Fundament, das Jesus Christus heißt, zu stellen und zu bekennen:

»Herr, da ich denn nichts bringen kann,
schmieg ich an dein Kreuz mich an.
Nackt und bloß, o kleid' mich doch!
Hilflos, ach, erbarm' dich noch!
Unrein, Herr, flieh ich zu dir!
Wasche mich, sonst sterb' ich hier!«

A. M. Toplady

Die Überwindung des Feindes

Nehemia 4, 1–9

Wir beschäftigen uns mit dem Lebenswerk eines der bedeutendsten Männer der Bibel. Nehemias Mut und Entschlossenheit angesichts des hartnäckigsten Widerstandes, sein völliges Vertrauen auf Gott, seine große Leidenschaft für den Dienst des Herrn – all dies stellt ihn heraus als einen unter Millionen: einen Mann, dessen Leben nacheifernswert ist, dessen Wesensart wir uns genau ansehen und prüfen sollten, und dessen Vorbild wir – durch die Gnade Gottes und die Macht des in uns wohnenden Christus, durch den wir allein etwas ausrichten können – nachstreben sollten. In der Tat sind heute für den Dienst des Herrn Jesus Männer vom Format eines Nehemia unbedingt notwendig.

Die Geschichte in diesem vierten Kapitel ist aufregend. Wer behauptet, die Bibel sei ein langweiliges Buch, der kann Nehemia nicht gelesen haben.

Erinnern wir uns noch einmal daran, daß wir im vorhergehenden Kapitel sahen, wie alle Leute angestrengt und hingebungsvoll arbeiteten am Wiederaufbau der Mauer Jerusalems. Solange die Mauer dieser Stadt in Trümmern lag, wurde der Name ihres Gottes geschändet. Und das Wissen um diese Tatsache war die innere Triebkraft all ihres Dienstes für den Herrn. Wir sollten uns heute vor Augen halten, daß der Name Gottes auch geschmäht ist, solange die Mauern des Neuen Jerusalems in Trümmern liegen, sei es nun in unserem persönlichen Leben oder im Leben unserer Gemeinde. Zum Bau dieser Mauern hat Gott uns in Christus berufen; denn wir sind seine Mitarbeiter an der Ausbreitung seines Königreiches und zur Ehre seines Namens.

Ja, viel mehr. Denn das Blut Jesu ist bereits vergossen worden, und wir haben die Hilfe des Heiligen Geistes, der gesandt wurde, um in unseren Herzen zu wohnen, damit er uns auf das Fundament Jesus Christus selbst aufbaut und sein Leben in jedem von uns zur Auswirkung bringt. Wir sahen, wie leicht die Mauern des Gebets, die

Mauern der Bewahrung, die Mauern der Reinheit und die Mauern leidenschaftlicher Hingabe in Trümmern liegen können vor unserer Tür und Schande bringen können auf den Namen des Herrn.

Wir sahen, daß die grundsätzliche Aufstellung bei der Arbeit so geschah, daß jeder neben seinem Haus baute. Ihm wurde das Stück Mauer zugeteilt, an dem er erwartungsgemäß am brennendsten interessiert war, ja noch mehr, das Stück Mauer, bei dem der Wert der Arbeit am ehesten von denen überprüft werden konnte, die ihn am besten kannten. Wie betrüblich ist es, daß die Stelle, an der der wahre Wert unseres Christenlebens echt erprobt werden kann, nämlich zu Hause, so oft schmählich vernachlässigt wird. Wenn wir der Gemeinde oder dem Herrn dienen auf Kosten der Pflichten gegenüber unseren Lieben und der Verantwortung für unser Zuhause, dann ist unser Christenleben nicht in dem rechten Gleichgewicht.

Hier im vierten Kapitel sehen wir, wie der Mauerbau vorangeht, wie die Widersacher ihre Kräfte mobil machen, und schließlich lesen wir noch den aufregenden Bericht vom völligen Sieg über den Feind. Wir wollen das Wesen des Widerstandes näher betrachten. Dabei greifen wir allein auf die alttestamentliche Geschichte zurück. Für mich ist es immer eine faszinierende Sache, über das Alte Testament zu predigen; denn es ist die Illustration für die neutestamentliche Wahrheit und die Erfahrung des 20. Jahrhunderts. Wenn wir uns die Taktiken des Feindes zu Nehemias Zeit ansehen, werden wir erkennen, daß er bei uns genau die gleichen Taktiken anwendet. Es sind jene, die er auch unserem Herrn Jesus gegenüber gebrauchte. Wir müssen deshalb das Geheimnis seiner Überwindung kennenlernen, das nicht nur Nehemia, sondern auch der Herr Jesus kannte, und mit dem wir auch den Feind besiegen können.

Der äußere Widerstand gegen Gottes Werk

Immer da, wo eine Arbeit für den Herrn in Angriff genommen wird, kommt der Widerstand stets zunächst von außen und dann von innen. Er kommt aus äußeren Umständen und innerer Gegnerschaft. Hier begegnet uns das erste Zeichen der Opposition von außen, und es tritt auf in der Gestalt von Spott und Hohn. »Und er (Saneballat) sprach vor seinen Brüdern und den Mächtigen zu Samaria: Was machen die ohnmächtigen Juden? Wird man sie so lassen? Werden sie opfern? Werden sie es diesen Tag vollenden? Werden sie die Steine lebendig machen, die Schutthaufen und verbrannt sind? Aber Tobia, der Ammoniter, neben ihm sprach: Laß sie nur bauen; wenn Füchse hinaufzögen, die zerrissen wohl ihre steinerne Mauer« (Vers 2 und 3). So macht man die Leute mürbe. »Ihr seid viel zu schwach, euren Auftrag könnt ihr unmöglich bewältigen! Auch wenn ihr beginnt, wird Gott keine Notiz davon nehmen. Er wird euch auch nicht helfen.«

Wie scharfsinnig, wie modern ist dieser Versuch. Wenn der Christ zu sagen wagt, daß die einzige Hoffnung der Welt die Botschaft von Gottes versöhnender Gnade ist, dann nimmt die ganze Macht der modernen Kultur und Bildung gegen ihn Aufstellung und sagt: »Ihr mit euren armseligen Gebetsversammlungen. Ihr mit euren hochfahrenden Plänen, einen Menschen nach dem anderen zu bekehren. Wie kann all das mit unserem großen, sozialisierten Wirtschaftsprogramm, mit dem die Welt in einigen Jahren revolutioniert sein wird, standhalten. Ihr kleiner, schwacher Haufe!«

Die Welt beurteilt alles nach Größe, nach Schlagzeilen, nach imponierenden Methoden, nach ungeheuren Angeboten und schüttet Verachtung auf die kleine, schwache Herde des Volkes Gottes. »Ihr arbeitet nicht mit dem Verstand. Ihr seid rückständig. Ihr habt kein Geld. Ihr habt keine sozial anerkannte Stellung.« So spricht die Welt über uns. Aber die Tragik ist, daß das Denken dieser Welt die Gemeinde unterwandert hat, so daß Christen meinen, sie könnten nur dann etwas für Gott erreichen, wenn sie vor der Welt bewiesen, daß sie eine große Unternehmung starten können.

Ich habe volles Verständnis für Großevangelisationen, und ich erkenne ihren Wert für die großen Städte, aber die neutestamentlichen Methoden erregen kein Aufsehen und hängen nicht vom großen Getriebe und von berühmten Persönlichkeiten und von Publizität ab. Gottes Werk benötigt jeden, der arbeiten will und der nicht nur ein christlicher Gelegenheitsarbeiter im Rampenlicht der Öffentlichkeit sein will.

Wenn wir sagen, daß wir nichts mehr nötig haben als Erweckung in unserer Zeit, dann kommt die verächtliche Frage: »Glaubt ihr wirklich, daß das, was ihr Erweckung nennt, zustandebringen kann, was die klügsten Köpfe nicht erreichen konnten?« Oder wenn wir sagen, daß das Gebet eine dringende Notwendigkeit ist, dann lautet die sarkastische Antwort: »Man soll sich nicht einbilden, daß der Gott des ganzen Weltalls gerade von uns Notiz nehmen sollte. Wenn Gott ein Interesse am Geschehen in dieser Welt hat, warum handelt er dann nicht von sich aus und löst die Probleme auch ohne Gebetsstunden?«

Ja, wenn ein Werk für Gott seinen Anfang nimmt, im Herzen oder zu Hause, dann benutzt der Satan die Methode des Spottes. Das Traurige ist, daß der Teufel oft die entschiedenen Christen damit beschäftigt, daß sie solche entmutigenden Gedanken äußern. Manchmal kommen sie gar von solchen Menschen, die uns sehr nahe stehen, und manchmal verletzen sie uns ganz empfindlich.

Es kann vorkommen, daß ein Mann über seine Frau spottet, weil sie Christus angenommen hat und nun versucht, für ihn zu leben; daß der Vater oder die Mutter die Kinder verspotten, wenn sie den Wunsch äußern, in den Dienst Jesu Christi zu treten; daß ein Verliebter seine Partnerin verspottet, wenn sie es auszusprechen wagt, daß in ihrer jungen Liebe Christus der Mittelpunkt sein müßte und er vor allen anderen den Vorrang haben sollte. Es kann vorkommen, daß ein Selbstgerechter über einen Menschen, der der Botschaft vom geisterfüllten Leben zuhört, spottet: »Das ist fanatisch, das ist extrem. Sie haben alles, was Sie brauchen von dem Augenblick Ihrer Bekehrung an. Erwarten Sie nichts darüber hinaus.« Satan versucht den Wunsch nach vertieftem Leben eines Christen damit auszulöschen, daß er ihm einredet: »Dein Platz im Himmel ist dir sicher. Du brauchst nicht nach mehr zu trachten!« Wenn wir den Eindruck haben, daß dies eine fremde Lehre ist, dann sollten wir sie am Neuen Testament überprüfen. Ich lebe keinen Tag meines Lebens, ohne daß mein Herz mehr Hunger nach Jesus bekommt. Aber der Hohn und der Spott der Welt verletzen mich tief, wenn er denen über die Lippen kommt, die wir lieben und die uns lieben.

Die Gegnerschaft war nicht nur voller Hohn, sondern sie war auch sehr massiv. Schauen wir uns das an. Da ist Saneballat, Tobia, die Araber, die Ammoniter und die Asdoditer. Welch ungeheure Schar von Verbündeten! Es ist erstaunlich, wie diese sich untereinander bekämpfenden Parteien plötzlich alle ihre Meinungsverschiedenheiten begraben haben und zusammengekommen sind, um den entscheidenden Schlag gegen Nehemia auszuführen. Feinde werden nun zu Freunden im festen Entschluß, das Werk Gottes auszulöschen.

Diese Art traf auch den Herrn Jesus, und das tut meinem Herzen ungemein wohl. »Die Männer aber, die Jesus hielten, verspotteten ihn und schlugen ihn« (Luk. 22, 63). »Und die Obersten samt ihnen spotteten sein und sprachen: Er hat anderen geholfen; er helfe sich selber, ist er Christus, der Auserwählte Gottes. Es verspotteten ihn auch die Kriegsknechte . . . und sprachen: Bist du der Juden König, so hilf dir selber« (Luk. 23, 35–37). Spott, Schande, Sarkasmus, vernichtende, beißende Feindschaft. »Auf den Tag wurden Pilatus und Herodes Freunde miteinander; denn zuvor waren sie einander feind« (Luk. 23, 12). Jeder Spott, Hohn, der sich gegen uns richtet, ist zuerst gegen unseren teuren Herrn Jesus gerichtet worden. Der Jünger ist nicht über seinen Meister!

Wenn einige bei sich selbst denken: »Wovon spricht er? Ich bin noch nicht mit Spott überhäuft worden. Ich glaube, daß einige seltsame Christen sich lächerlich machen, weil sie wirklich sonderbar und extrem sind«, sollten wir jetzt nicht dasitzen und uns rühmen. Vielleicht sind wir nur deshalb verschont geblieben, weil Satan denkt, wir seien es nicht wert, daß er sich um uns kümmert. Achten wir darauf, wie schwer die Leute an der Mauer arbeiteten, als ob sie diese an einem Tag vollenden wollten. Sie brauchten zweiundfünfzig Tage, und das war damals schnelle Arbeit. Aber sie schufteten so angestrengt, daß es aussah, als ob sie es in einem Tag schaffen wollten. Es war der Geist, der den Angriff des Feindes heraufbeschwor. Der Teufel kümmert sich nicht um halbherzige Christen. Aber wenn wir im ganzen Einsatz für Gott stehen und uns die Rettung der Menschen auf dem Herzen liegt, dann macht sich die Hölle auf.

Saneballats Hohn war jedoch nur ein Vorwand für etwas ganz anderes. Um was ging es? Saneballat wurde zornig (Vers 1). Der Hohn und Spott des Feindes verbargen nur seine Wut. Worüber war er wütend? In Wirklichkeit hatte er keinen vernünftigen Grund, Nehemia vom Bau der Mauer abzuhalten. Er hatte kein stechendes Argument gegen ihn, und deshalb war er furchtbar zornig, daß jemand daherkam und baute. Und wenn heute Menschen über unser Zeugnis von Jesus spotten, dann tun sie es deshalb, weil sie kein Argument gegen die Botschaft haben. Die Welt wird immer zornig sein über jede Verkündigung, die die Sünde bloßstellt. Wenn ein Prediger wagt, die Wahrheit ausdrücklich zu betonen, daß das Neue Testament Buße fordert, daß allem rettenden Glauben bewußte Abkehr von der Sünde vorangehen muß, bevor der Segen erfahren werden kann, daß die Botschaft unbarmherzig unseren tragischen Zustand und unseren völligen Bankrott schonungslos offenlegt, bevor sie »die Salbe Gileads« aufträgt – dann wird die Welt immer über eine solche Verkündigung wütend sein.

Die Abwehr des Angriffs

Nun, wie wurde der Angriff abgewehrt? Wurde Nehemia von Panik erfaßt, und ängstigte er sich? Gab er Widerworte oder übte er Vergeltung? Nichts von alledem! Was tat er? »Aber wir bauten die Mauer und fügten sie ganz aneinander . . .« (Vers 6). Ich meine, das ist eine großartige Feststellung. Er baute einfach weiter und beachtete sie nicht, denn »das Volk gewann ein Herz zu arbeiten«. Das Volk Gottes blies weder Trübsal über die Schwierigkeiten noch nörgelten sie oder schwatzten sie oder klatschten sie; sie antworteten auch nicht, zahlten auch keineswegs mit gleicher Münze heim. Sie konzentrierten sich auf die Aufgabe, die Gott ihnen aufgetragen hatte.

So hat auch Jesus für uns den Sieg davongetragen. »Welcher nicht wiederschalt, da er gescholten ward, nicht drohte, da er litt. Er stellte es aber dem anheim, der da recht richtet« (1. Petr. 2, 23). ». . . wie ein Lamm, das zur Schlachtbank geführt wird, und wie ein Schaf, das verstummt vor seinem Scherer, und seinen Mund nicht auftut« (Jes. 53, 7). Er ging mitten durch alles hindurch, bis er am Ziel ausrufen konnte, nachdem sich der Hölle Macht über ihn ergossen hatte: »Es ist vollbracht!«

So ist nun der Himmel von dem Tag an für jeden schuldigen Sünder offen, der durch den Glauben zu Gott kommt, und zwar durch das versöhnende Blut Jesu. So hat er gesiegt.

Wenn der Hohn, der Sarkasmus und die Gegnerschaft des Feindes unser Leben massiv bedrängen, ganz gleich, ob es unser nächster und liebster Verwandter oder Kollege ist, unser Freund oder unser Geliebter, müssen wir uns fragen: Wie kann ich unbeschadet durchkommen? Indem wir mit Hohn und Spott antworten? Nein, mit gleicher Münze heimzahlen, sollte ein für allemal aus dem Vokabular eines Christen gestrichen sein. »Ich habe viel mehr gearbeitet«, sagt der Apostel, »denn sie alle; nicht aber ich, sondern Gottes Gnade, die mit mir ist« (1. Kor. 15, 10). Ein Herz zur Arbeit? Ich will das beiläufig erwähnen, damit wir ein klares Bild bekommen. Nicht alle hatten Freude an der Arbeit. Ein Blick zurück auf das dritte Kapitel im fünften Vers sagt uns, daß da einige Vornehme waren, die sich weigerten, ihren Nacken zur Arbeit zu beugen. Wir kennen doch diese Art Menschen. Sie schicken ihr Geld, und wir geben ihnen eine Spendenbescheinigung für das Finanzamt. Wir verachten nicht die Gaben von denen, die das Werk des Herrn unterstützen wollen; aber wenn es Menschen gibt, die meinen, daß sie dadurch von aller missionarischen Verantwortung entbunden sind, dann sollten sie sich ernsthaft vor Gott prüfen.

»Das Volk gewann ein Herz zu arbeiten«, sagte Nehemia. Und im Neuen Testament ermahnt uns Paulus: »Ein jeglicher sei gesinnt wie Jesus Christus auch war; welcher . . . hielt er es nicht für einen Raub, Gott gleich sein, sondern entäußerte sich selbst und nahm Knechtsgestalt an . . . Er erniedrigte sich selbst und ward gehorsam bis zum Tode, ja zum Tode am Kreuz« (Phil. 2, 5–8). »Ich bin unter euch wie ein Diener«, sagt Jesus (Luk. 22, 27). »Des Menschen Sohn ist nicht gekommen, daß er sich dienen lasse, sondern daß er diene« (Mark. 10, 45). Wie soll ich meinem Herrn antworten? Herr Jesus, gib mir deinen Sinn, deinen Sinn zu arbeiten, deinen Sinn, mich abzumühen, deinen Sinn zu kämpfen.

Zu meinem Heil nichts tun ich kann;
denn alles hat mein Herr getan.
Doch will ich dienend für ihn ringen
und Gottes Sohn die Ehre bringen.

Aber das Volk Gottes hatte nicht nur Sinn für die Arbeit, es hatte auch ein Herz zum Beten. »Wir aber beteten zu unserem Gott . . .« (4, 9). Im Leben eines Christen ist es so: Wenn wir kein Herz für das Beten haben, haben wir auch keinen Sinn für die Arbeit. Ist es uns schon aufgefallen, wie gereizt und kritisch wir sind, wenn wir das Beten vergessen oder meinen, keine Zeit dafür zu haben? Wenn wir kein Herz zum Beten haben, dann sollten wir nicht länger weiterarbeiten. Jesus überwand, indem er ganze Nächte im Gebet verbrachte. Er siegte, als er im Garten Gethsemane mit Schweiß und Blut rang und siegend den Willen Gottes tat.

Haben wir so zu beten gelernt wie die Jünger, als sie in der frühen Christenheit heftigen und massiven Anfeindungen ausgesetzt waren? Hören wir, was sie beteten: »Und nun, Herr, sieh an ihr Drohen und gib deinen Knechten, mit aller Freudigkeit zu reden dein Wort, und strecke deine Hand aus, daß Gesundheit und Zeichen und Wunder geschehen durch den Namen deines heiligen Knechtes Jesus« (Apg. 4, 29–30). Wir kümmern uns nicht um den Spott und den Hohn anderer, wenn wir nur heute bezeugen können, daß der auferstandene Herr unser Herz und Leben umgestalten will, wenn es ihm ausgeliefert ist.

Einen Sinn für die Arbeit, ein Herz zum Beten und ein wachsames Auge: ». . . und stellten Hut gegen sie Tag und Nacht vor ihnen« (4, 9). Etwas fällt mir an Nehemia besonders auf. Er war ein praktisch veranlagter Mensch. Er gehörte nicht zu den Leuten, von denen manchmal gesagt wird, daß sie in höheren Regionen schweben und für diese Welt unbrauchbar sind. Er stand mit beiden Füßen auf der Erde. Er konnte praktisch planen und geistlich ringen. So beschloß dieser Mann, daß er nicht nur betete und arbeitete, sondern daß er auch eine Schildwache aufstellte Tag und Nacht, und daß jeder Teil der Mauer von einer tüchtigen Dauernachtwache geschützt wurde, die auf den unerwarteten Angriff des Feindes acht hatte. Wir können beten: »Herr Jesus, willst du meine Schildwache in meinem Leben sein Tag und Nacht?« – »Und der Friede Gottes, welcher höher ist als alle Vernunft, bewahre unsere Herzen und Sinne in Christus Jesus«, sagte der Apostel Paulus (Phil. 4, 7).

Wie wunderbar ist es, nach dem Ringen des Tages in Jesu Nähe geborgen zu sein und ihn vor dem Einschlafen zu bitten: »Herr Jesus, ich schlafe jetzt ein; aber du schläfst und schlummerst nicht. Behüte mich in dieser Nacht. Wache über meinem unbewußten Denken. Laß meine Träume von dir bestimmt sein. Und wenn ich erwache, soll mein erster Gedanke an dich sein.« Darin liegt der Sieg, der ganz in unserem herrlichen Herrn begründet ist; denn er war »versucht in allen Dingen gleich wie wir, doch ohne Sünde« (Hebr. 4, 15).

Abschließend möchte ich sagen: Es gehört zu den größten Siegen Satans, wenn er uns durch Spott von einem Werk für den Herrn abbringt. Zu oft gelingt es ihm leider durch Hohn, Spott und Verachtung. Dann bleibt die Mauer in Trümmern liegen. Ich bete sehr, daß wir von Nehemia lernen, ja, daß wir vielmehr von unserem Heiland selber lernen. Wir sollten uns weniger darum kümmern, ob Menschen uns lächerlich machen wollen, sondern vielmehr darum, ob wir unter dem Ja Gottes stehen. »So bauten wir die Mauer.«

Eine Frage möchte ich zum Schluß an uns richten. Ich selbst kann sie nicht beantworten; wir müssen sie für uns beantworten, wenn wir wirklich das Reden Gottes in dieser Botschaft verstanden haben. Dienen wir Gott beim Bau eines Werkes für den Herrn, oder stehen wir auf der Gegenseite? Sind wir auf Gottes Seite oder auf Saneballats Seite? Wenn wir auf der falschen Seite stehen, dann gebe Gott Gnade, daß wir heute die Seiten tauschen und uns auf die Seite des Triumphes und des Sieges stellen; daß wir einen Sinn für die Arbeit und ein Herz für das Gebet und ein wachsames Auge haben. Dann werden wir, durch die Gnade Gottes, die Mauer bauen.

Der Schutt muß weg

Nehemia 4, 10

Nehemia 4, 10 ist eine alttestamentliche Illustration für neutestamentliche Wahrheit. »Und Juda sprach: Die Kraft der Träger ist zu schwach und des Schutts ist zu viel; wir können an der Mauer nicht bauen.« Paulus sagt: »Wir haben allenthalben Trübsal, aber wir ängsten uns nicht; uns ist bange, aber wir verzagen nicht; wir leiden Verfolgung, aber wir werden nicht verlassen; wir werden unterdrückt, aber wir kommen nicht um« (2. Kor. 4, 8–9).

Es tröstet mich sehr, und sicher auch jeden anderen Christen, wenn er in der Bibel entdeckt, daß durch die gesamte Geschichte hindurch Männer Gottes, die das Wagnis eingingen und Gott dienten, mit denselben Problemen konfrontiert werden, die uns beständig zu schaffen machen. Vor uns steht Nehemia. Ohne Zweifel war er von Gott berufen und vom König beauftragt; er hatte eine Mannschaft von Helfern um sich geschart, um die Mauer zu bauen. Aber jetzt befindet er sich in einer Lage, die äußerst entmutigend ist.

Zuerst schien alles wunderbar voranzugehen. Der König war freundlich bereit, ihn für seine Reise auszustatten und nach Jerusalem zu schicken. Dort besichtigte er betend die Ruinen und bald hatte er eine große Mannschaft um sich, die bereit war, die Last des Wiederaufbaus auf ihre Schultern zu nehmen. Aber wie so oft folgte einer Zeit des Segens der Gegenangriff des Feindes. Dem Widerstand des Saneballat, Tobia und Gesem, die ihren Feldzug des Hasses gegen ihn unternommen hatten, war er realistisch begegnet. Wir sahen, daß das Volk Gottes Mut zur Arbeit hatte, ein Herz zum Beten und wachsame Augen. Deshalb wurden die Feinde in Schach gehalten, wenigstens vorläufig.

Aber hier finden wir noch etwas Schwerwiegenderes. Wenn ein Christ Fortschritte mit Gott macht, begegnen ihm zwei Arten von Feinden, ein äußerer und ein innerer. Hier ist Nehemia dem inneren Feind ausgesetzt. Juda sagt: »Die Kraft ist zu schwach, des Schutts ist zu viel, und wir können nicht bauen.« Ein *schöner* Trost für Nehemia!

Der innere Widerstand gegen Gottes Werk

Achten wir darauf, wer das sagte: ausgerechnet Juda! Lange vorher wurde von ihm gesagt, daß sein Fuß auf dem Nacken der Feinde stehen sollte. »Es wird das Zepter von Juda nicht entwendet werden noch der Stab des Herrschers von seinen Füßen, bis daß der Held komme . . .« (1. Mose 49, 10). Hier ist die Elite der Armee, ein erstklassiges Regiment, das zu revoltieren droht, erfüllt mit Mutlosigkeit. »Wir werden schwach und kraftlos, des Schutts ist zu viel, und die Arbeit ist zu groß und anstrengend für uns.« Nehemia hatte von Saneballat und seinen Anhängern Schwierigkeiten erwartet und auch von einigen, die nur dem Namen nach dazugehörten und die nur mit Bauen angefangen hatten, weil die anderen auch bauten. Aber Juda! Welch ein Schlag muß das für Nehemia gewesen sein, als Juda mit dieser Feststellung zu ihm kam.

Es wäre leicht gewesen, einfach alles aufzugeben, zurück nach Persien zu gehen und wieder Mundschenk zu sein. Aber ich finde noch nicht einmal eine Andeutung, daß Nehemia sich mit solchen Gedanken getragen hätte. Ein Mann, der von Gott berufen ist, ist sich der Vollmacht Gottes bewußt, auch wenn er ganz allein steht. Das Wort »Rückzug« kennt er nicht.

Welch eine mächtige Waffe schleudert der Feind in unsere Seele, wenn die Elite der Armee zu desertieren droht; wenn die Mitstreiter im Gebet entmutigt werden; wenn die Brüder auf dem Missionsfeld drohen, in die Heimat zurückzukehren, weil es auf der Station zu schwierig ist; wenn die, die am ehesten mit den Nehemias von heute die Lasten tragen sollten, überhaupt keinen Durchblick haben.

Wie verzagt macht es einen, wenn die, die den Gebetskampf austragen sollten, Männer und Frauen sind ohne Blick dafür und ohne Tragkraft. Sie wollen nur dieselbe Arbeit tun, die sie schon seit Jahren ausgeführt haben, und auch nur den Dienst übernehmen, den sie schon immer taten. Aber sie sind nicht fähig, mit ganzem Herzen bei der Arbeit zu sein. Die, die unsere Mitstreiter im Gebet sein sollten, denken, die Aufgabe sei zu schwer: »Wir können es nicht tun!«

Arbeiten an den Fundamenten

Natürlich war der Auftrag, der zu Nehemias Zeit ausgeführt werden sollte, gewaltig schwer. Ich möchte ihn nicht gering einschätzen. Nebukadnezar hatte ganze Sache gemacht, als er Jerusalem zerstörte. Er hatte keinen Stein auf dem anderen gelassen. Es war hoffnungslos, mit dem Wiederaufbau anzufangen, bevor nicht die Aufräumungsarbeiten vollständig abgeschlossen und die ursprünglichen Fundamente freigelegt waren. Es war Unsinn, die Mauern auf den Schutthalden aufzubauen; denn dann wären sie noch vor ihrer Fertigstellung zusammengefallen. Es war unbedingt erforderlich, daß der Untergrund freigelegt wurde, damit die Mauern auf Felsen gebaut werden konnten.

Solange jemand nicht von fester Gewißheit und Zielstrebigkeit erfüllt ist, war eine solche Aufgabe natürlich nicht nur furchtbar ermüdend und viel zu unbedeutend, sondern sie stellte auch eine gefährliche Zeitverschwendung dar. Diese Mauern hatten schon lange zerstört darniedergelegen, und die Stadt war viel zu lange dem Angriff preisgegeben gewesen. Aber wenn diese Mauern stabil sein sollten, mußten sie auf soliden Fundamenten stehen, und deshalb mußte der ganze Schutt weggeräumt werden, bis die Fundamente freigelegt waren. Bevor die Mauern überhaupt gebaut werden konnten, mußte erst einmal ausgiebig an den Fundamenten gearbeitet werden. Bevor die Mauern nach oben aufgerichtet werden konnten, mußten zuerst die Fundamente unten gelegt werden. Bevor sie nach außen »Frucht« bringen konnten, mußten sie erst einmal nach innen »Frucht« bringen. Sie mußten zuerst in die Tiefe gehen, bevor sie in die Höhe gehen konnten.

Ich will uns daran erinnern, daß die Kirche in ihrer Geschichte immer mit Schutt zu kämpfen hatte: da war das Heidentum und der Aberglaube des großen Römischen Reiches, die Mythologie der Griechen, die falschen Philosophien, die Traditionen und Vorurteile, die Pseudoreligionen. All das und noch viel mehr hatte seinen Weg mitten durch die Kirche genommen zu allen Zeiten. All das, und noch anderes mehr, hatte ständig versucht, den Bau der Mauer aufzuhalten. Aber durch all die Jahre hat Gott die Schuttleger mit den Schuttaufräumkommandos zusammengestellt, und immer wieder hat Gott Männer hervorgebracht, die den Schutt schonungslos und furchtlos wegschafften. Von der Zeit des Paulus bis in die Tage der Reformation hören wir den siegreichen Ruf: »Laßt uns alles aus dem Weg räumen und zu Gott kommen!« Martin Luther hat Schutt weggeräumt und die große grundlegende Lehre von der

Rechtfertigung aus Glauben neu entdeckt; ihm folgte Calvin, der uns an den gewaltigen Bund von Gottes königlich freier Gnade erinnerte; Zwingli und John Knox, der ausrief: »O Gott, gib mir Schottland oder ich sterbe!« Wesley, Whitefield, D. L. Moody und hunderte mehr sind in den früheren Generationen aufgestanden und haben mit den Erdarbeiten begonnen, haben die Fundamente freigelegt, auf denen kein anderer bauen kann; denn »wo der Herr nicht das Haus baut, so arbeiten umsonst, die daran bauen . . .« (Ps. 127, 1).

In jedem Bereich der Gemeinde Jesu Christi tobt der Kampf auch heute noch. Natürlich finden sich in jedem Dienstbereich Leute für Gott und werden sich auch immer welche finden, die die Existenz der Schutthaufen verteidigen, ganz gleich wie abstoßend und unnütz diese sein mögen. Es gibt Menschen, die immer eine Entschuldigung finden, warum an diesen Schutthaufen nicht gerüttelt werden soll: »Schließlich gründeten sie eine Kirche als Institution – es hat sie leider schon sehr bald gegeben. Man darf sie nicht stören; auf jeden Fall sollte alles so bleiben.« Und es ist doch nichts weiter als Schutt. Es ist sehr lange her, daß sie aufgehört hat, ein rettender Faktor im Dienst für den Herrn zu sein.

Zweifellos mögen manche für einen raschen Aufbau der Gemeindearbeit eintreten, der zumindest von anderen Menschen gesehen wird, unter der Devise: »Wir stellen ein großes Programm auf. Wir wollen einen berühmten Mann holen. Wir wollen eine umfangreiche, massive Werbung in Gang setzen. Wir wollen Anzeigen aufgeben und überall in der Stadt Plakate aufhängen. Wir wollen etwas tun, das den Menschen ins Auge fällt. Aber diese Arbeit oder jene Arbeit, diese christliche Gemeinschaft oder jene war schon lange hier; die wollen wir nicht verärgern, daran wollen wir nicht rühren.« Ohne Zweifel gibt es heute in vielen Kirchen Leute, die sich dafür einsetzen, daß mehr soziales Engagement, überhaupt dies und jenes auf die Beine gestellt wird, um anziehend auf die Menschen zu wirken. Diese Argumente wollen wir bewußt außer acht lassen. Ich will aus tiefster Überzeugung sagen, daß die Erdarbeiten zuerst kommen müssen. Der Schutt muß weg. Und alles, was in unserer Gemeinde nicht der Evangeliumsverkündigung und der Rettung von Menschen dient, kann auch nicht durch die Geschichte gerechtfertigt werden. Das Fundament muß bloßgelegt werden, das Fundament, das Jesus Christus, unser Herr selber ist. Und auf diesen Untergrund muß die Gemeinde Gold, Silber, Edelsteine aufbauen, und Holz, Heu und Stoppeln beseitigen (1. Kor. 3, 12). Alles andere muß ausgeräumt werden, ganz gleich, wie schmerzlich es ist.

Verborgener Schutt im eigenen Herzen

Der Herr spricht nicht nur vom Schutt in der Gemeinde, sondern auch vom Schutt in den Herzen der Christen. ». . . Oder wisset ihr nicht, daß euer Leib ein Tempel des Heiligen Geistes ist?« (1. Kor. 6, 19). In jedem von uns wird Aufbauarbeit geleistet, und es liegt viel Schutt da. »Wenn jemand den Tempel Gottes verderbt, den wird Gott verderben; denn der Tempel Gottes ist heilig – der seid ihr« (1. Kor. 3, 17). Haben wir schon einmal darüber nachgedacht, wieviel Blut Jesus Christus vergossen hat, um unser Leben zu vollenden, und wie groß die Macht des in uns wohnenden Heiligen Geistes ist, und wie wenig bisher tatsächlich geschehen ist?

Ich bekenne, daß fast jeden Tag ein neuer Haufen Schutt in meinem Leben entdeckt wird, von dessen Existenz mir vorher nichts bekannt war. Wenn wir in der Gegenwart Gottes ehrlich sind, entdekken wir, daß wir gerade in den Dingen, in denen wir uns für stark hielten, zugeben müssen, daß wir versagt haben. Vielleicht ist es eine Sünde, von der wir glaubten, daß wir schon in unserer Kindheit davon befreit worden sind, und wir gingen hart ins Gericht mit Menschen, die in diese Sünde gerieten. Nun entdecken wir erschreckt neu, daß diese Sünde auch in unserem Herzen steckt.

All der Schutt, Stolz, Unglaube, Ärger, Wut, Verzweiflung, Wichtigtuerei, böse Begierden, der Schutt eines oberflächlichen, öden, unfruchtbaren Lebens, welch stinkender Haufe ist das alles! Der Bau des Tempels des Heiligen Geistes wird dadurch aufgehalten.

Die Gefahr macht sich in noch sehr viel feinerer Weise bei vielen von uns bemerkbar, wenn wir durch große Konferenzen und Gebetsversammlungen meinen zu einem höheren Grad von geistlichem Leben gekommen zu sein, und glauben, alle alten Verfehlungen und Sünden hinter uns gelassen zu haben. Vor einiger Zeit, ehe ich England verließ, predigte ich in einer Kirche in Southampton. Danach kam ein junger Mann auf mich zu. Sein Gesicht war erregt, er umarmte mich und rief: »Halleluja, Bruder!« Ich atmete tief und sagte: »Halleluja!« und hoffte, daß damit alles klar sei. Denn ich wußte nicht, was er noch alles sagen wollte.

Er fing an: »Ich möchte, daß Sie es erfahren. Vor achtzehn Monaten kam ich zum Glauben. Vor zwölf Monaten machte ich die Erfahrung der Heiligung, und nun bin ich ganz frei von Sünde.«

Ich schaute ihn an und antwortete: »Lieber Freund, Sie sind in achtzehn Monaten innerlich weiter vorangekommen als ich in fünfundzwanzig Jahren. Wenn ich mein Neues Testament richtig verstehe, haben Sie es in achtzehn Monaten weitergebracht als der Apostel Paulus in seinem ganzen Leben.« Denn am Ende seines Lebens (und so wird es wohl auch am Ende eines Lebens bei vielen anderen sein) bekannte er: »Ich bin der vornehmste Sünder!«

Es gibt keinen anderen Ort, an dem ich sicher bin, es sei denn am Fuß des Kreuzes. Niemand sollte sich selbst täuschen; denn der Apostel Johannes sagte: »Wenn wir sagen, wir haben keine Sünde, dann betrügen wir uns selbst, und die Wahrheit ist nicht in uns« (1. Joh. 1, 8). Wenn jemand in dem Irrtum lebt, daß er durch die Erfahrung des Heiligen Geistes und die Verbindung mit Jesus die Sünde ein für allemal hinter sich gelassen hat, dann soll er seinen Müllwagen hervorholen und ihn mit dem Schutt solcher teuflischen Erkenntnis beladen. Lernen wir heute mit dem Apostel Paulus, daß ». . . in mir, das ist in meinem Fleisch, wohnt nichts Gutes . . .« (Röm. 7, 18). Auf Golgatha ist der einzige Ort für uns alle; denn in Jesus Christus allein können wir uns rühmen. Er ist uns gemacht zur Weisheit und zur Gerechtigkeit und zur Heiligung und zur Erlösung. Wenn wir überhaupt etwas sind, dann nur durch die Gnade Gottes und durch die Macht seines Blutes und durch die Herrschaft des Heiligen Geistes.

Was kann ich tun?

Was können wir mit all dem Schutt machen, der in unseren Gemeinden und in unseren Herzen vorhanden ist? Können wir gar nichts dagegen tun? Sollen wir uns einfach hinsetzen und die Hände in den Schoß legen und Gott alles tun lassen?

Ganz gewiß nicht! Und ich möchte uns drei Möglichkeiten aufzeigen, wie wir den Schuttwagen füllen können. Erstens sollten wir die Gewißheit haben, daß das Fundament in unserem Leben fest gegründet ist. Sorgen wir doch dafür, daß es eindeutig freigelegt ist, und daß wir im Glauben fest auf diesem Grund stehen, den kein Mensch legen kann, der Jesus Christus ist. Ist das klar bei uns? Oder bauen wir unser Leben einfach auf Sand?

Man kann sehr schön am Strand beobachten, wie ein kleines Kind Eimer und Spaten nimmt, den Eimer mit Sand füllt, ihn umstülpt und Sandburgen baut. Geben wir acht und beobachten wir einmal die Augen des Kindes, wenn die Flut kommt und der Sand verschwindet und die Burg nicht mehr zu sehen ist. »Papa, wo ist denn meine Burg?« Ich habe diese Frage nie befriedigend beantworten können. Ich weiß nur, daß das Meer kam und alles wegspülte.

In unser aller Leben gibt es einen Fluß, den wir einmal überqueren müssen. Eines Tages stehen wir am Ufer und müssen hindurch. Unser Leib muß zurückbleiben, und unsere Seele geht entweder in den Himmel oder in die Hölle. Haben wir auf den Fels gebaut? Stehen wir auf dem festen Grund, der Jesus Christus heißt, oder nur auf sinkendem, zerrinnendem Sand? Sorgen wir dafür, daß wir auf dem festen Grund stehen!

Zweitens sollten wir uns darüber klar sein, daß wir der Tempel des Heiligen Geistes sind. Er selbst muß ihn bauen. Er hat ja damit angefangen. Er hat tief gegraben, bis er unsere Leere aufgedeckt, unsere Selbstgerechtigkeit ausgetrieben und das Fundament Jesus Christus in uns gelegt hat, wo der zerrinnende Sand des eigenen Ich gewesen war – das ist Bekehrung. Ist das schon bei uns geschehen? Es genügt nicht, wenn wir unsere Hand heben, nach vorne kommen oder eine Entscheidungskarte unterschreiben, sondern der Heilige Geist muß tief graben und unser Ich freilegen. In diesen vergänglichen Trümmern, wo unser Ich gelebt hatte, richtet dann Jesus sein Leben auf. Er hat alles getan, und dies wird in Zeit und Ewigkeit allen Proben standhalten. Alles, was wir in eigener Kraft versuchen, um den Tempel aufzubauen, ist vergeblich. Wir sollten von ganzem Herzen der Heiligung nachjagen, aber sie kann nur durch den Glauben an Jesus Christus erreicht werden.

In diesem großartigen Kapitel der Bibel Epheser 5 sagt Paulus, daß es der Bräutigam ist, nicht die Braut, der die Braut für ihren Gemahl schmückt. ». . . wie Christus auch geliebt hat die Gemeinde und hat sich selbst für sie gegeben, auf daß er sie heiligte, und hat sie gereinigt durch das Wasserbad im Wort, auf daß er sie sich selbst darstellte als eine Gemeinde, die herrlich sei, die nicht habe einen Flekken oder Runzel oder des etwas, sondern daß sie heilig sei und unsträflich« (Eph. 5, 25–27). Der Bau des Tempels des Heiligen Geistes in uns ist sein Werk.

Drittens sollen wir auch bauen, denn wir sind Mitarbeiter Gottes. Wir müssen diesen Tempel bauen mit Gottes ganzer Macht und seiner ganzen Kraft und seiner ganzen Ausrüstung. Wie sollen wir bauen? In 2. Petrus 1, 5–7 lesen wir, daß wir zu unserem Glauben Tugend, und zu unserer Tugend Erkenntnis, und zu unserer Erkenntnis Selbstbeherrschung, und zu unserer Selbstbeherrschung Geduld, und zu unserer Geduld brüderliche Liebe, und schließlich als krönenden Abschluß das hinzufügen sollen, was alles so liebenswürdig macht, nämlich die Liebe im weitesten Sinn.

»Wir bauen jeden Tag, in der Arbeit und im Spiel«, singen die Kinder. Verbauen wir solches Material für den Tempel seines Heiligen Geistes? Haben wir einen Glauben, der fest auf dem Blut Jesu Christi ruht, und werden auf solchen Glauben Gold, Silber, Edelsteine als die Frucht des in uns wohnenden Christus aufgebaut? Petrus fährt an der erwähnten Stelle fort und sagt: »Denn wo solches reichlich bei euch ist, wird es euch nicht faul noch unfruchtbar sein lassen in der Erkenntnis unseres Herrn Jesu Christi« (V. 8).

Welche Sünde auch in uns ist, der Heilige Geist ist da, sie zu überwinden, und das Blut Jesu Christi tritt im Himmel für uns ein und reinigt uns vor Gott davon. Wenn wir unsere Sünden bekennen, können wir wissen, daß wir Vergebung haben. Laßt sie uns in der Macht des in uns wohnenden Heiligen Geistes überwinden, dann wird er das vollenden, was in uns begonnen ist. Wenn wir in der Gemeinde und in unserem persönlichen Leben miteinander ringen und arbeiten, wenn wir uns mühen, auf ein festes Fundament zu bauen, dann wollen wir darin nicht nachlassen bis an den Tag, an dem wir bei seiner Erscheinung ihm gleich sein werden.

In einem Lied, das ich sehr liebe, heißt es:

> Jesu, meines Heilands Leben
> wachs' in mir von Tag zu Tag.
> Maß soll Jesus allem geben,
> was ich tu' und sag'.

Jesu Geist mög' ganz durchdringen
Herz und Sinn mir alle Stund',
daß sein Sieg in meinem Leben
allen werde kund.

Jesu Liebe mög' durchströmen
Leib und Seel' und jedes Glied.
Er muß wachsen, ich abnehmen,
nur so find ich Fried'.

Jesu Vorbild mög erfüllen
mich mit Kraft zum Glaubensstreit,
bis sein Antlitz werd' enthüllen
mir die Ewigkeit.

Jesus will ich glaubend trauen,
er allein im Herzen wohn',
bis ich werde jubelnd schauen
ihn auf seinem Thron.

»Die Kraft der Träger ist zu schwach, und des Schutts ist zuviel; wir können an der Mauer nicht bauen«, klagte Juda. »Aber die auf den Herrn harren, kriegen neue Kraft . . .« (Jes. 40, 31). Der in uns wohnende Christus steht vor unserer Herzenstür, um den Schuttwagen zu füllen mit dem Abfall, den wir so gern loswerden möchten. Durch die Gnade Gottes und durch die Macht des Heiligen Geistes werden wir die Mauer auf dem Fundament bauen, das für Zeit und Ewigkeit feststehen wird.

Aufbau und Kampf

Nehemia 4, 11–23

Wir haben uns bis jetzt mit dem großartigen Buch Nehemia beschäftigt, und es ist vielleicht an dieser Stelle gut, daß wir uns deutlich machen, welchen Fortschritt die Aufgabe des Mauerbaues in Jerusalem gemacht hat, zu der dieser Mann berufen war. Im 6. Vers des vierten Kapitels hören wir: »Aber wir bauten die Mauer und fügten sie ganz aneinander bis zu der halben Höhe.« Mit anderen Worten, die Hälfte war erreicht. Die Aufgabe war halb erledigt. Und das ist die Stelle, wo es in der Arbeit für den Herrn und auch im Leben eines Christen immer am schwierigsten wird.

Gefährdung auf halbem Wege

Haben wir es schon einmal mit einer Bergbesteigung versucht? Vielleicht haben wir am Fuße eines Berges gestanden und weit oben am blauen Himmel die Spitze gesehen, und dann haben wir uns aufgemacht, sie zu erklimmen. Am Anfang fanden wir es sehr aufregend; aber als wir den Berg erklommen, wurde er immer steiler und felsiger, und wir kamen immer langsamer voran. Unser Keuchen wurde immer stärker. Nach kurzer Zeit blieben wir stehen und schauten zurück, um zu sehen, wie weit wir schon vorangekommen waren. Dann schauten wir zu dem Gipfel auf und entdeckten, daß wir erst auf die halbe Höhe gekommen waren. Tatsächlich! Das, was wir aus der Ebene für die Spitze gehalten hatten, war nur ein Vorsprung, und wir entdeckten jetzt den Teil des Berges, der vorher noch außer Sicht gewesen war. Wenn wir feststellen, wie weit wir noch zu gehen haben und wir unsere Kondition prüfen und Kurzatmigkeit und Erschöpfung feststellen, dann sagen wir zu uns selbst: Das schaffen wir nicht. Kommt, wir kehren wieder um!

Wenn man die Hälfte hinter sich gebracht hat, wird es immer am schwersten. Die anfängliche Begeisterung für ein Unternehmen schwindet merklich. Wenn die Geldmittel beschafft sind, der Bau begonnen und die Organisation angelaufen ist, dann ist der Anfangsrausch gewissermaßen vergangen. Es kommt uns immer mehr zum Bewußtsein, was noch alles getan werden muß; wir werden zunehmend beeindruckt von dem Umfang der unerledigten Aufgabe, während das bereits Erreichte mehr und mehr zurücktritt. Gerade das ist der gefährliche Punkt.

Dasselbe trifft auch zu für das Leben eines Christen, wenn die ersten Tage nach der Bekehrung vorüber sind und auch die ersten Erfahrungen der Wunder Gottes in der Errettung. Vielleicht sind die besten Mannesjahre vorbei, und doch liegt noch ein langer Weg in unserem Leben vor uns. Wir stellen fest, daß der Kampf für Gott mehr Kraft gekostet hat, als wir es uns vorgestellt, und wir haben mehr einsetzen müssen, als wir erwartet hatten. Keiner hat uns vorher klargemacht, was es wirklich bedeutet, Christ zu sein und für Gott zu leben. In der Hitze des Gefechts, wenn der Kampf ringsum tobt, fragen wir uns dann vielleicht mutlos: Wie soll ich bis zum Ziel meines Weges durchkommen?

Gerade zu den Menschen möchte ich sprechen, die so denken; Menschen, die im heißesten Kampf stehen und an vorderster Front streiten – in der Schußlinie für Gott; Menschen, die die Konflikte des Christenlebens kennen, das Gefecht als zu schwer empfinden und bei sich selbst sagen: Der Weg ist noch so weit, werde ich ihn jemals zurücklegen können?

Der Feind holt zum Gegenschlag aus

Wir wollen vier Dinge in diesem Kapitel beachten, die uns Trost und Segen bringen können. Zunächst allerdings nicht gerade ein Trost, sondern eine nüchterne Tatsache, die wir wissen müssen. Es kam plötzlich ein neuer Angriff des Feindes. Das war der geeignete Augenblick für den Gegner, zum heftigsten Schlag auszuholen. Der Zeitpunkt, als die Mauer halb hoch war und die Leute das Bauen und die Lasten, die sie zu tragen hatten, leid wurden, war der psychologisch richtige Augenblick für einen erneuten Angriff des Feindes.

Zweierlei Form nahm er an: zuerst war es eine Schlacht mit Worten, ein grausames, unerbittliches, hartes Reden. Aber nachdem Hohn, Sticheleien und Spott ihr Ziel verfehlten, werden sie nun durch Drohungen ersetzt. Achten wir auf die Hartnäckigkeit und Grausamkeit dieses Angriffs. Er war vielschichtig. Vers 8 berichtet, daß sie sich alle verschworen, gegen Jerusalem zu kämpfen – Saneballat, Tobia, die Araber, die Ammoniter, die Asdoditer. Sie vergaßen ihre eigenen privaten Zwistigkeiten und ihre Konflikte, die sie miteinander hatten. Sie waren vereint, um einen massiven Frontalangriff gegen Nehemia zu starten.

Vers 11 sagt uns: »Sie sollen's nicht wissen noch sehen, bis wir mitten unter sie kommen . . .« Dieser Feind griff nicht aus der Ferne an, sondern er stand zum Nahkampf bereit, um das Werk Gottes sofort unter Druck zu setzen. Er war grausam, denn Vers 11 sagt uns: »und sie erwürgen.« Sie wollten vor nichts zurückschrecken. Es kümmerte sie nicht, ob Blut vergossen wurde. Unter allen Umständen sollte der Mauerbau gestoppt werden. Sie waren fest davon überzeugt, denn sie sagen: ». . . und das Werk hindern.«

Wir müssen erkennen, daß es eine besondere Situation im Leben des Christen gibt, wenn die Mauer halb hoch ist. Wir bauen für Gott, und unser Leib ist der Tempel des Heiligen Geistes. Das Werk ist halb vollendet, und ein großer Teil unseres Lebensweges liegt noch vor uns. Für die Arbeit in der Gemeinde bedeutet das, daß wir viel mehr von dem beeindruckt werden, was noch vollbracht werden soll. Und genau das ist der Augenblick, in dem Satan die Kinder Gottes angreift. Kennen wir diese Erfahrung?

Wissen wir etwas um Gebetskämpfe, die äußerst zermürbend sind? Ist es uns schon einmal so ergangen, daß wir kaum zu Gott durchdringen konnten vor lauter handfesten Anfechtungen durch den Teufel? Welche Form nimmt das an? Unsere Phantasie wird von unheiligen Gedanken heimgesucht, von sinnlicher Begierde und bösen Taten. Das tägliche Sich-Abplagen und die Forderungen unserer Pflichten bedrücken uns. Hinter all der tödlichen Feindschaft dem Werk Gottes gegenüber steht Satan selbst, der all seine Macht anwendet, um den Aufbau des Tempels des Heiligen Geistes aufzuhalten.

Natürlich war in Anbetracht des starken Feindes die Reaktion im Lager des Nehemia Angst. Denn Vers 12 berichtet: »Da aber die Juden, die neben ihnen wohnten, kamen, sagten sie uns wohl zehnmal: Aus allen Orten, von denen ihr kommt, werden sie über euch kommen.« Einige von Nehemias Leuten, die mit wenig Begeisterung an der Arbeit für Gott standen, waren allzu schnell bei der Hand, um alarmierende Berichte über einen zweiten Angriff zu verbreiten. Ich habe sehr genau die Übersetzung von Vers 12 studiert. Sie ist etwas schwierig und ungenau. Der hebräische Text läßt sich nur schwer wiedergeben. Es mag sein, daß die verängstigten Juden so außer Atem waren, daß sie ihren Bericht widersprüchlich überbrachten. Ich glaube, wir kommen dem Sinn näher, wenn wir so lesen: »Wohin ihr euch auch wendet, sie sind gegen uns. Deshalb müßt ihr nach allen Seiten auf der Hut sein.«

Hier waren die Pessimisten. »Nehemia«, sagten sie, »wo immer du hingehst; sie sind alle gegen dich. Welcher Richtung du dich auch zuwendest, du bist bedroht. Du müßtest am Kopf auch hinten Augen haben und so nach jeder Seite wachsam sein. Nehemia, du bist ringsum eingeschlossen und in einem Kessel. Deine Lage ist wirklich hoffnungslos.« Natürlich verbreitete dieser Bericht Angst unter Nehemias Soldaten. Im 14. Vers dieses Kapitels erfahren wir, daß sogar die Ratsherren und Obersten davon angesteckt wurden. Wieder einmal in unserer Geschichte scheint Nehemia allein dazustehen. Und er ist doch nicht allein; denn er kann auch in dieser Lage noch so beten wie später der Apostel Paulus: ». . . sie verließen mich alle . . . Der Herr aber stand mir bei und stärkte mich . . .« (2. Tim. 4, 16. 17).

Gefährliches Leben in der Nähe des Feindes

Macht und Angst: unnachgiebiger und unbarmherziger Druck satanischer Gewalt brachte Furcht über das Volk Gottes. Sollte es satanischem Druck gelingen, die Gemeinde in Schrecken zu versetzen? Niemals! Warum geschah es aber hier? Ich kann uns den Grund nennen. Es gab einige Leute, die in der Nähe des Feindes lebten. Das ist der Schlüssel. Denn sie hatten keine Verbindung mit dem Feuer des Geistes, von dem Macht und Kraft ausgingen. Sie lebten nicht nahe genug am Zentrum, um das Erregende und die Freude einer geistlichen Schlacht und dann den Sieg mitzuerleben und um Gott am Werk zu sehen. Alles, was ihnen bewußt war, war der feindliche Widerstand.

Ich möchte wissen, wie viele Christen gefährlich nahe am Feind leben. Sie stehen nicht in engem Kontakt zum Werk Gottes. Sie haben weder innere Gemeinschaft mit Jesus noch eine herzliche Verbindung zu Gott. Sie stehen in unmittelbarer Nähe des Feindes, und das bringt folgende Symptome mit sich: sie machen sich ihre eigenen Gedanken über die Arbeit für den Herrn und sagen dann bei sich: »Die Arbeit ist zu schwer. Die Zeiten sind hart und die Verhältnisse notvoll. Der Druck des Feindes ist zu stark. Wir werden es niemals schaffen.« So verbreiten sie in den Reihen der Kinder Gottes den Samen der Entmutigung und Resignation.

Niemand kommt in einen Gemeindegottesdienst, ohne daß irgendein Einfluß von ihm ausgeht. Keiner setzt sich einfach hin, als ob er Zuschauer wäre bei einem Programm. Wenn wir geistlichen Durchblick in das Wesen eines Gottesdienstes hätten, könnten wir erkennen, daß sich dort ein geistliches Ringen vollzieht: auf der einen Seite geht es darum, daß den Menschen die Ziele Jesu Christi nahegebracht werden, auf der anderen Seite müssen die Mächte der Finsternis besiegt werden. Und jeder Teilnehmer beeinflußt die Atmosphäre des Ganzen. Wer in Verbindung mit dem Feind steht und kein Interesse für Gottes Werk hat, sondern nur eine Art Zuschauer ist, schafft eine frostige Atmosphäre in der ganzen Gemeinde und verdirbt das geistliche Klima. Er hat das Feuer und die Ausstrahlungskraft verloren und sieht die Wirklichkeit nicht mehr, wie sie ist.

Mit welch einem ungeheuren Druck mußte daher Nehemia kämpfen – eine Macht, die sich aus der Angst vor einem Angriff ergeben hatte. Dann sollten wir ein wenig innehalten, um den Grund des Widerstandes zu erkennen. Wir müssen die Ursachen überprüfen. Warum all die Wut? Warum all der Aufruhr? Hat Nehemia ihnen Unrecht getan? Hat er sich in ihre Angelegenheiten eingemischt? Nein, ganz und gar nicht! Vers 7 erklärt uns den Grund für ihren Zorn. »Da sie aber . . . hörten, daß die Mauern zu Jerusalem zugemacht wurden und daß sie die Lücken angefangen hatten zu verschließen, wurden sie sehr zornig.« Der einzige Grund für den Zorn des Feindes war der Erweis der Macht Gottes. Das ist immer so.

Satan, der Erzfeind Christi, hat einen Brennpunkt seines Angriffs hier auf der Erde: die ausführende Gewalt Gottes, den Heiligen Geist. Immer wenn unser Feind ein Werk des Heiligen Geistes sieht, wendet er seine ganze Macht dagegen auf. So war es im Leben unseres Herrn Jesus. Sein Wesen, sein Leben, das beständig durch die Macht des Heiligen Geistes gestärkt wurde, war eine solche Verurteilung der Heuchelei anderer Menschen, daß in ihnen ein Feuer des Hasses und der Bitterkeit entzündet wurde. Dies bewahrheitete sich im Leben des Märtyrers des christlichen Glaubens. Stephanus, voll Glaubens und Heiligen Geistes, wurde durch den Feind zu Tode gesteinigt. Die Tatsache, daß eine Arbeit wirklich das Werk Gottes ist, erregt den Widerstand des Feindes. Ein Leben, das durch die Macht des in uns wohnenden Christus gelebt wird, zieht den Haß der Menschen auf sich, denen der Abstand von ihrem sündhaften Leben darin zum Bewußtsein kommt. Wir sollten unsere eigenen Erfahrungen an diesem Maßstab messen. Wo der Tempel des Heiligen Geistes in einem Christen aufgebaut wird und die Arbeit der Gnade ihren Fortgang nimmt – wenn ein Kind Gottes auf das Fundament Jesus Christus gegründet ist und danach strebt, dem Herrn gleich zu werden –, können wir sicher sein, daß ein solches Leben Haß, Feindschaft und Bitterkeit auf sich zieht. Trifft das für uns zu oder nicht?

Satan ist nie ein Gegner der Orthodoxie

Das sollten wir uns gut merken. Die Pharisäer waren die Leute, die am meisten orthodox lebten! Satan ist nie ein Feind der Religion oder eines bloßen Glaubensbekenntnisses; aber er steht immer im Widerstreit zu einem Leben, in dem sich die Wirklichkeit des Heiligen Geistes erweist. Auf dem Lebensweg eines Christen und in all seinem Kampf will Satan mit seiner Macht den Menschen dahin bringen, daß er zu der Einsicht gelangt, Satans Macht sei größer als die Macht Jesu. Hält unser Dasein als Christen einer solchen Herausforderung stand? Ruft es Widerstand hervor? Oder führen wir ein Leben, das im Einklang mit der Art und Weise des Menschen ohne Gott steht? Wenn das so sein sollte, dann stimmt etwas nicht mit unserem Zeugnis. Denn Jesus sagt selbst: »Gedenket an mein Wort, das ich euch gesagt habe: der Knecht ist nicht größer als sein Herr. Haben sie mich verfolgt, werden sie euch auch verfolgen; haben sie mein Wort gehalten, so werden sie eures auch halten« (Joh. 15, 20).

Der Grund für die Feindschaft lag einfach darin, daß der Mauerbau voranging, daß das Werk Gottes vollendet wurde und daß Dinge geschahen, die den ganzen Widerstand der Hölle hervorriefen. Die

Gemeinde Jesu Christi sollte sich nie dadurch bange machen lassen. Wir sollten in der Tat dafür beten, solcher Art Herausforderungen standhaft begegnen zu können.

Wie war die Reaktion Nehemias in dieser Lage? Ich kann nicht umhin, das Aufregende des 14. Verses zu erwähnen, der eine Selbstbiographie des Nehemia ist: »Ich sah . . .« In diesem Augenblick der Bedrängnis, in dem Bewußtsein der Angst in seinem eigenen Lager und des Zweifels und der Ungewißheit unter seinen Leuten, im Hinblick auf die unbarmherzige Macht des Feindes – was tat er da? Er schaute auf.

Haben wir das schon in der Hitze des Gefechtes und im Gewirr des Kampfes gelernt? Vielleicht können wir in solcher Lage gar nicht viel sagen und auch kein langes Gebet sprechen, aber in unserem Herzen schauen wir auf. Josaphat sagte einst: ». . . denn in uns ist nicht Kraft wider diesen großen Haufen, der wider uns kommt. Wir wissen nicht, was wir tun sollen; sondern unsere Augen sehen nach dir« (2. Chron. 20, 12). Wir wollen aufsehen! Nehemia hob den Blick nach oben. Er breitete alle Sorgen, all seine Angst und all seinen Kummer vor Gott aus. Das machte die Last leichter.

Meine große Sorge für die christliche Gemeinde heute ist die, daß sie nach allen Richtungen schaut, nur nicht nach oben. Wir wenden alle Mittel an, nur Gott nehmen wir nicht in Anspruch. Wir suchen nach irgendeinem geschickten Ausweg, aber nach Gott fragen wir nicht. Wir versuchen mit allen Mitteln, mit der bedrohlichen Lage fertigzuwerden, aber nach oben blicken wir nicht. Wir vertrauen auf unseren Planungsapparat und unsere Organisation. Wir suchen nach neuen Wegen für unsere Arbeit, aber wir schauen nicht auf. Vielleicht liegt es daran, daß unsere Gebetsversammlungen in unseren Gemeinden so schlecht besucht sind. Die Menschen setzen Kraft und Zeit für ihre Arbeit und für den Gemeindebetrieb ein, aber nur wenige opfern Zeit, um auf Gott zu hören.

Wenn jemand zu uns käme und uns vorschlüge, eine Versammlung in der Woche weniger zu besuchen, und dafür regelmäßig zu beten, wäre das nicht ein Zeichen, daß die Gemeinde anfängt nach oben zu schauen?

Es gibt im Leben und im Erfahrungsbereich eines Christen Situationen, in denen er absolut nichts tun kann. Es ist dann völlig richtig und gut, Gott zu vertrauen. Aber hüten wir uns davor, daß der Glaube zur Vermessenheit wird! Es gibt heute an manchen Stellen einen naiven Eifer für Gott, der im Namen besonderer Geistlichkeit auftritt. Jedoch tritt hierbei ganz einfach eine gefühlsmäßige Überschwenglichkeit an die Stelle von nüchternen Vorkehrungen. Wenn wir in unserem Leben versuchen, uns nur durch Gebet abzusichern, ohne wachsam zu sein, sind wir überheblich und versuchen Gott. Wenn wir aber ohne Gebet es nur mit Wachsamkeit probieren, sind wir hochmütig. In jedem Fall verscherzen wir uns die Bewahrung Gottes. Haben wir schon gelernt, daß es reine Vermessenheit ist, zu beten, ohne wachsam zu sein? Haben wir begriffen, daß es ein Symptom für Stolz ist, wachsam zu sein, ohne zu beten?

Beachten wir daher das folgende Gebet des Nehemia, das einen dreifachen Kriegsruf enthält. Dieser Mann wußte, wie man aufschaut, aber er wußte auch, wie man angreift. Es ist aufregend, wenn er im 14. Vers sagt: ». . . gedenket an den großen, schrecklichen Herrn und streitet für eure Brüder . . .« – »Ihr tut seinen Willen und ihr verrichtet sein Werk; ihr seid hier, weil Gott euch gerufen hat – denkt an den Herrn, der groß und schrecklich ist!«

In unserer modernen Zeit hält man Gott nicht für einen großen, schrecklichen Gott; aber er ist es. Er ist weit größer als alle unsere Feinde. An dem Tage, an dem er kommt, das Erdreich zu richten, wird er ihnen ein schrecklicher Gott sein. Um zu erkennen, wie groß und schrecklich Gott ist, muß man sehen, wie gemein und verächtlich unsere Feinde sind. »Denn bei Gott«, sagt die Bibel, »ist nichts unmöglich!« Nehemia rief aus: »Denkt an den Herrn, euren Gott! Schaut auf zu ihm und denkt daran, daß ihr seinen Willen tut und sein Werk verrichtet!« Und dann bat er sie zu bedenken: ». . . streitet für eure Brüder, Söhne, Töchter, Frauen und Häuser.« Alles stand in dieser Schlacht auf dem Spiel. Die Existenz all dessen, was ihnen lieb und wert war, hing vom Ausgang des Kampfes ab.

Ist das nicht auch heute so im Leben eines Christen? Wir stehen im Kampf für Gott, wenn das Wort Gottes unser Maßstab ist und wenn wir unseren Glauben auf seine Lehre gründen. Es ist auch wahr, daß unsere Häuser, unsere Kinder dabei mit auf dem Spiele stehen. Inmitten des Säkularismus, des Materialismus und des Liberalismus, die heute durch die Lande und über die ganze Welt gehen, ist alles in der Schwebe. Denken wir daran, was auf dem Spiel steht!

Der Kampf darf nie den Aufbau ersetzen

Und dann sagt Nehemia: »Widerstehet!« (V. 7). Wir sollten sehr sorgfältig darauf achten, wie er Widerstand leistete. Die Hälfte der Menschen baute, während die andere Hälfte die Waffen trug. Eine Hälfte arbeitete und die andere hielt Wache. Sie wechselten sich ab, um der Müdigkeit vorzubeugen. Von ihnen hieß es, daß sie in einer Hand die Waffe trugen und in der anderen das Werkzeug. Hier ist ein wichtiger Grundgedanke. Wir müssen für unseren Kampf ausgerüstet sein. Jeder von uns kann das Schwert des Geistes haben, das Wort Gottes. Ja, der Kampf findet statt; aber ich möchte nachdrücklich betonen, daß der Kampf des Christen nie den Aufbau ersetzt. Das Negative darf nie das Positive ersetzen. Die Mauern müssen aufgebaut werden. Die letzte Antwort der Christen in dieser Welt ist, daß die Mauer steht und daß der Tempel des Heiligen Geistes sichtbar ist.

Das letzte sichtbare Zeichen der Gemeinde ist, daß die Arbeit weitergeht, daß die Mauer gebaut wird und daß das Leben umgestaltet wird. Ich bin überzeugt, wenn es Satan gelingt, Christen auf Kosten von Seelenrettung in Kontroversen zu verwickeln, ist ihm ein Meisterstück gelungen. Menschen verschwenden Zeit und Kraft in den sogenannten Grundsatzdebatten, und sie vernachlässigen die Hauptaufgabe, das Bauen. Sie kämpfen um Haarspaltereien der Lehre, während ringsum Menschen verlorengehen.

Der Feind benutzte seine Macht gegen John Bunyan und warf ihn ins Gefängnis in Bedford; aber der Mauerbau ging weiter, weil er dort die »Pilgerreise« schrieb. Fünfmal wurde Wesley ins Gefängnis geworfen; aber der Mauerbau ging weiter, und die methodistische Erweckung breitete sich wie ein helles Feuer aus. Der Feind gebraucht Macht und übt Druck aus; aber die einzige Antwort darauf darf nur sein: der Mauerbau geht weiter. Die beste Verteidigung der Wahrheit und der beste Angriff gegen Irrlehre ist die Ausbreitung der Botschaft und der Aufbau geisterfüllten Lebens. Nehemia fuhr selbst dann noch mit seiner Arbeit fort, als er gegen den Feind kämpfte. Er vertrat den Grundsatz, das Bauen nie zugunsten des Kampfes aufzugeben.

Für mich ist das Aufregendste im ganzen Abschnitt der 20. Vers. Dort lesen wir, daß Nehemia einen Sammelplatz für seine ganze Armee hatte. Ein Trompeter stand immer an seiner Seite, so heißt es in Vers 18. Die Arbeit war nämlich groß und die Baustelle weitläufig. Die Arbeiter waren überall verstreut, und sie arbeiteten immer zur selben Zeit. Können wir uns den großen Befehlshaber vorstellen, wie er die Mauer abschritt und nach allen Arbeitern sah, wie er sie ermutigte und ihnen allen klarmachte, daß sie beim Schall der Posaune sofort die Arbeit verlassen und sich um ihn scharen sollten, um den Feind endgültig zu vernichten. Der Brennpunkt aller Strategie war ihr Befehlshaber. Beim Schall der Posaune mußten sie sich alle wie ein Mann um ihn sammeln, um den Sieg davonzutragen.

Brauchen wir hierzu noch einen Kommentar? Wenn wir doch auch einen solch weltweiten Blick für die Gemeinde heute hätten. Und wenn es nur für einen Augenblick wäre. Dann könnte uns Gott unsere Augen öffnen, und wir sähen unsere Missionare auf dem weiten Erdenrund zerstreut. Die Reihen sind sehr dünn, und viele Landstriche sind von der Bruderschaft und der Gemeinschaft abgeschnitten. Die Arbeit ist groß und das Feld weit; aber wohin sie auch zerstreut sind, es gibt einen mächtigen Befehlshaber, das ist unser Herr Jesus Christus.

Er ist der Sammelplatz für alle, und eines Tages wird die Trompete erschallen und der Ruf ertönen. Dann werden wir von unserem Arbeitsplatz abgerufen, um ihm zu begegnen. An dem glorreichen Tag wird der Feind gänzlich unterworfen sein. Wie aufregend ist es, daß wir wissen, wir stehen in solch einer Schlacht. Obgleich der Kampf heftig, der Angriff ungeheuer und der Weg lang zu sein scheint, sind wir alle miteinander verbunden unter unserem großen Herrn Jesus Christus. Eines Tages wird die Reise zu Ende sein, der Trompetenschall wird ertönen, und Jesus kommt wieder; eines Tages wird der Feind endgültig besiegt sein.

An gefährlichen Klippen vorbei

Nehemia 5, 1–19

Wir kommen nun zum fünften Kapitel und finden Nehemia vor weitere Probleme gestellt. Der Widersacher des Werkes Gottes ist ein unnachgiebiger Feind, der zuerst von einer und dann von der anderen Ecke aus angreift und die Kinder Gottes nie in Ruhe läßt. Aber hier begegnet uns Nehemia, wie er einer Sache widersteht, die eigentlich gar kein wirklicher Angriff war. Aber gerade deshalb war es eines der schwierigsten Probleme, denen er in all seiner Arbeit gegenübergestellt war. Es hätte beinahe das ganze Unternehmen zum Scheitern gebracht. Das war die innere Uneinigkeit unter seinem Volk. Sie hatte in diesem Fall nicht mit äußeren Feinden zu tun.

Die Hungersnot

Im Gebiet von Jerusalem gab es eine Ernährungskrise, eine Hungersnot, die durch das starke Anwachsen der Bevölkerung verursacht war. So lesen wir in Vers drei. Das Land war übervölkert durch die heimkehrenden Juden und ihre großen Familien. Das stellte die Landwirtschaft vor gewaltige Anforderungen; denn die Bestellung der Felder war über die Jahre der Zerstreuung und vielleicht auch durch die augenblickliche Begeisterung für den Mauerbau vernachlässigt worden.

Außerdem herrschte Unzufriedenheit durch die hohen Steuern. Aus Vers vier erfahren wir, daß der König, der Nehemia gesandt hatte, das Land immer noch unter seiner Kontrolle hielt. Die Leute waren gezwungen, hohe Steuern zu zahlen. Alle diese Faktoren trugen zu einer bedrohlichen Ernährungslage bei.

Unglücklicherweise gab es immer Leute, die aus solcher Notlage ihren Nutzen zu ziehen suchten. Es muß für Nehemia niederschmetternd gewesen sein, zu sehen, daß es sein eigenes Volk, die Juden waren. Einige waren reich, und weil sie reich waren, ergriffen sie die Gelegenheit, ihr Schäfchen ins Trockene zu bringen auf Kosten anderer Leute. Sie gewährten Darlehen zu harten Bedingungen; sie nahmen Verpfändungen vor unter bedrückenden Verpflichtungen, indem sie die Söhne und Töchter anderer Leute als Sklaven in ihr Haus nahmen und es den Eltern unmöglich machten, ihre Kinder je wieder loszukaufen. Diese ganze ungesunde Lage führte zu Mißverständnissen, Not, Schwierigkeiten, Zweifeln und Verdächtigungen unter dem Volk Gottes. Dieses Volk, das durch ein Ziel so verbunden war, wurde durch Not entzweit. Nehemia befand sich in einer Lage, die sich gefährlich zuspitzte und das ganze Volk Gottes zum Erliegen bringen konnte.

Uneinigkeit im Volk Gottes schadet Gottes Werk ungeheuer. Wenn wir wollen, daß eine Arbeit für den Herrn zugrundegehen soll, brauchen wir nur Mißverständnisse, Entmutigungen, Mißtrauen aufkommen zu lassen. Wenn auch die Menschen in ihren Zielen vereint sein mögen, so werden sie doch durch die oben genannten Dinge und Nöte aufgespalten oder entzweit, und die Arbeit kann nicht weitergehen.

Wir wollen herausfinden, wie Nehemia damit fertig wurde. Hier war ein Mann in der geistlichen Führung einer Arbeit für den Herrn, der sich gleichzeitig einem großen inneren Konflikt in diesem Werk gegenübergestellt sieht. Wie begegnet er dem?

»Ich tat aber nicht also«, sagte Nehemia, »weil ich Gott fürchtete« (V. 15). Er war der Statthalter dieses Landes, wie wir aus dem Zusammenhang des Kapitels erfahren. Die früheren Führer hatten sich in der Regel auf Kosten des Volkes bereichert. Ungeachtet der Armut oder der Sklaverei oder der ungerechten Bedingungen ringsum sah der Statthalter darauf, daß er selbst nie Mangel hatte und daß seine Bedürfnisse immer zuerst befriedigt wurden. Es wäre überhaupt nicht aufgefallen, wenn Nehemia genauso gehandelt hätte. Er stand hier vor einer Wahl. Das Volk wäre nicht überrascht gewesen, wenn er diese Handlungsweise beibehalten hätte. Aber er sah, daß eine solch eigennützige Lebensweise das Zeugnis für den Herrn bedrohte. Er hätte nach dem Motto handeln können: »Jedermann tut es«, aber Nehemia sagte: »Ich aber tat nicht also.« Er nahm eine ganz andere Haltung ein.

Nehemia hat nicht versucht, durch Organisieren oder Verhandeln über diese Lage Herr zu werden, sondern er tat es durch einen Lebenswandel, der über jeden Verdacht erhaben war. Und weil er als

Führer vor sein Volk hintreten und sagen konnte: »Ich tat aber nicht also«, wurde der Teufel beschämt, und der Mauerbau ging weiter.

Eine Gemeinde Jesu Christi, die versucht, zur Ehre Gottes Aufbauarbeit zu leisten, wird weit mehr durch innere Zwistigkeiten angegriffen als durch äußere Feindschaft. Die Wurzeln solcher Nöte liegen gewöhnlich in einer falschen Lebenshaltung.

Ich will es uns klarmachen, was ich damit meine. In der Haltung des Nehemia, der vor seine Leute hintreten und sagen kann »Ich tat aber nicht also, weil ich Gott fürchte«, sehe ich drei wichtige Grundzüge. Wenn die Kirche Jesu Christi und die Christen sie befolgen, sind Leben und Dienst siegreich.

Nicht dem Stil der Zeit anpassen

Erstens: Wir müssen eine grundsätzliche Haltung einnehmen: »Ich tat aber nicht also.« Unser Leben und Zeugnis werden ein Fehlschlag sein, wenn wir nicht dem eigensüchtigen Streben dieser Zeit immer wieder diesen Satz entgegenhalten können. Sich nicht dem Stil unserer Tage anzupassen, nicht der großen Masse nachzufolgen, das sind die Dinge, die die Grundlage und den Grundstock eines unbescholtenen Christenlebens ausmachen.

Es ist so leicht, das zu tun, was andere Leute auch tun, teils aus Feigheit, teils weil wir den instinktiven Wunsch haben, so zu sein wie andere. Es ist so leicht zu denken, wenn Tausende von Christen auf einer gewissen geistlichen Ebene stehen, können wir dasselbe tun. Es bewahrt einen vor einer Menge Ärger, wenn man dem Sprichwort huldigt: »Bist du in Rom, dann benimm dich wie ein Römer.« Eine solche Haltung heute aber in christlichen Kreisen kann sich verheerend auswirken. Nehemia fordert uns durch sein Leben heraus: »Ich tat aber nicht also, weil ich Gott fürchtete.«

Wir können diesen Grundsatz an erster Stelle in bezug auf die großen Wahrheiten des christlichen Glaubens, auf die evangelikalen Lehren anwenden. Viele Menschen wurden vom Glauben an die Bibel abgebracht, weil sie auf andere hörten. Einige sagen, manches könne man nicht glauben. Damit bringen sie die grundlegenden Wahrheiten des christlichen Glaubens in Verruf. Vielen Menschen hat man eingeredet, daß sie nicht für intelligent oder gebildet gehalten werden, wenn sie an der Lehre von der wörtlichen Inspiration der Bibel festhalten. Ich will es uns klar sagen: Die Wahrheit war immer nur auf der Seite der Minderheit; was die Mehrheit in einer bestimmten Lage behauptet, ist gewöhnlich falsch. Die Menge schrie eines Tages: »Kreuzige ihn!« und die ganze Welt war sich darin einig, den Sohn Gottes zu töten, weil sie ihn in ihrer Unwissenheit nicht erkannte.

Wir sollten sehr darauf achten, daß wir keinen Fingerbreit von der Überzeugung der absoluten Glaubwürdigkeit der Bibel, aus der wir predigen, abweichen. Wir sollten zugleich diese Wahrheit in großer Liebe vor anderen verteidigen, die darüber völlig anders denken mögen. Aber es ist das Schwert des Geistes; es ist das Wort Gottes. Auf diesem Buch wurde die Kirche gegründet, und nur auf diesem Buch allein kann die Kirche wachsen.

Das weltliche Wesen meiden

Der zweite Grundsatz, den wir von Nehemia lernen, heißt: Das weltliche Wesen meiden! Wer zieht für einen Christen die Grenze, was er tun darf und was nicht, wohin er gehen soll und wohin nicht. Wer kann für den anderen das Gewissen sein, um zu entscheiden, wie weit er in seiner Weltlichkeit gehen darf. Aber Nehemia stand in einer verwirrten und verworrenen Zeit vor seinem Volk, untadelig und wahrhaftig. Als ich einmal im Norden Englands predigte, nahm eine junge Dame in einer Evangelisationsstunde Jesus als ihren Erretter an. Sie kam, um mich nach einer solchen Versammlung zu sprechen. Ich sagte zu ihr: »Wir haben hier eine Veranstaltung für junge Leute am Samstag. Ich hoffe, Sie kommen wieder.« – »O«, antwortete sie, »leider kann ich nicht; ich habe eine Verabredung.«

»Das ist interessant«, meinte ich. »Wo ist das?«

»Ach, es ist eine gesellschaftliche Veranstaltung«, gab sie zurück.

»Nun«, erwiderte ich, »schön und gut; gehen Sie! Aber denken Sie daran, daß Sie dem Herrn Jesus gehören. Sie werden doch von ihm reden und ihn bezeugen.«

»O ja«, antwortete sie, »gewiß.«

Am Sonntagabend saß sie in der Versammlung in der ersten Reihe. Sie schaute ein wenig unglücklich drein, jedenfalls schien es mir so. Als der Gottesdienst vorüber war, sprach ich sie an.

»War der Abend schön für sie?« fragte ich.

»Nicht so ganz.«

»Warum?« bohrte ich weiter. »Was war denn los?«

»Ich tanzte gestern Abend mit meinem Partner. Plötzlich erinnerte ich mich an mein Versprechen. Ich dachte, ich muß doch jetzt mein Zeugnis anbringen. So faßte ich Mut, schaute den Herrn an, mit dem ich tanzte, und sagte: ›Entschuldigen Sie meine Frage, aber sind Sie Christ?‹

Er blickte mich an und antwortete: ›Um alles in der Welt, nein! Aber sind Sie es?‹

›Ja, ich bin Christ‹, antwortete ich. Wissen Sie, was er zu mir sagte? Er schaute mich fest an und meinte: ›Was in Gottes Namen suchen Sie dann hier?‹«

Die Welt legt oft einen strengeren Maßstab an das Christsein als viele Christen es tun. Die Welt erwartet einen Mann oder eine Frau zu sehen, die sich wesentlich von anderen unterscheidet. Aber zu viele Christen wachen heute sehr darüber, daß die Welt merkt, wie unterschiedlich sie in der Lehre sind; sie legen es aber wenig darauf an, den Eindruck zu wecken, daß sie im praktischen Leben sich von anderen unterscheiden.

»Ich tat aber nicht also«, sagte Nehemia.

Aber ich möchte diese Behauptung noch in einem tieferen Sinne anwenden. Heute gibt es Verhaltensweisen, das wissen wir nur alle zu gut, die man nicht nur duldet, sondern sogar noch fördert. Vor zwanzig Jahren hätte man in den sogenannten christlichen Völkern die Nase darüber gerümpft. Heute wird es als völlig normal betrachtet, wenn junge Männer und Mädchen schon vor der Heirat sexuell miteinander verkehren. In unserem Lande, in England und auch in anderen sogenannten christlichen Ländern gibt es einen ungeheuer alarmierenden Zerfall der Moral. Was noch vor zwanzig Jahren als verwerflich galt, »das tun heute alle«.

Wie stehen wir dazu? Vielleicht sind wir entsetzt, von solchen Dingen zu hören. Aber denken wir ein wenig nach! Heute ist es allgemein verbreitet und setzt sich immer mehr durch. Vielleicht haben wir ganz unbewußt den Maßstab für unser eigenes sittliches Verhalten und Denken herabgesetzt. Wie haben wir uns in den letzten Jahren oder auch nur Monaten gegenüber dem anderen Geschlecht verhalten? Haben wir in unserem Leben vor der Ehe Dinge zugelassen, die nicht hätten geschehen dürfen und über die wir uns jetzt schämen müssen?

Ich könnte von zahlreichen gebildeten jungen Leuten berichten, jungen Männern und jungen Mädchen, die die höhere Schule oder die Universität unter dem Gebet der Mutter und dem Segen des Vaters verlassen haben, und deren Gemeinden es ein großes Anliegen war, daß sie ein klares und sauberes Leben als gläubige Männer und Frauen führten. Dann sind sie aber doch von dem Strom dieser schrecklichen Unmoral mitgerissen worden, und ihr Leben wurde zerstört. Natürlich wollten sie das nicht, und es sollte auch nichts passieren. Aber es fing alles damit an, als sie sagten: »Einmal kann nicht schaden; es soll auch nicht wieder vorkommen. Ich bin jung, und ich weiß, wie weit ich gehen darf.« So spricht die Jugend. So spricht einer, der denkt, er sei Herr seiner Begierden. Schon mancher ist gedemütigt und erniedrigt worden, als er zu spät merkte, daß er ein hilfloser Sklave seiner Leidenschaften ist.

Rede ich zu Leuten, die ihre moralischen Maßstäbe herabgesetzt haben? Wir wissen oft nur zu gut, daß wir beschämt dastünden, wenn wir ehrlich zu unseren Eltern über diese Dinge reden müßten. Manchmal ist in der Gemeindearbeit eine Lücke entstanden, vielleicht bei den Sonntagsschullehrern oder in der Seelsorgearbeit oder da, wo jemand hauptamtlich tätig war in der Gemeinde. Fragen wir den Betreffenden nach der Ursache, dann heißt es, er sei gesundheitlich angeschlagen; er habe das gefüllte Programm nicht durchstehen können. Das mag ja zutreffen. Aber die Tatsache ist, daß er für einen Augenblick sich selbst gegenüber nachgiebig war, und Sünde und Gier von ihm Besitz ergriffen. Nie wieder würde es vorkommen. Es war ein einmaliger Ausrutscher, er mußte einmal an sich selbst denken; und in diesem Augenblick ging es mit ihm bergab. Nehemia sagte: »Ich tat aber nicht also.«

Ich rede nicht nur zu jungen Männern und Mädchen, sondern auch zu denen, die in mittleren Jahren stehen. Vielleicht haben sie sich einmal schmutzige und verdorbene Dinge angesehen und ihre Sinne mit Unreinheit und Begierde angefüllt. Das hat ihr Gebetsleben abgewürgt, das Bibellesen erstickt und ihre Zeugnisbereitschaft lahm gelegt. Gott will jetzt mit uns darüber reden. Niemand sollte es wagen, eine führende Stellung im Dienst für den Herrn zu übernehmen, solange er nicht ein unbescholtenes Leben führt und sagen kann: »Ich tat aber nicht also.« Es gibt keinen, der das von sich sagen könnte, wenn er nicht im Rückblick auf die vergangenen Tage und Jahre Gott danken könnte für das Blut Jesu Christi, das von aller Sünde reinigt durch die Gnade des lebendigen Gottes und die Macht des Heiligen Geistes.

Mir liegen die Menschen am Herzen, die ihre Maßstäbe herabgesetzt haben, indem sie das Fernsehen in ihr Heim brachten, um sich dadurch ein wenig privat zu entspannen. Mir liegen auch die jungen Männer und Mädchen am Herzen, die noch nie die gemeinsame Freude eines Lebens in der ehelichen Gemeinschaft als Mann und Frau erlebt, aber doch schon alles kennengelernt haben. Ich denke mit großer Sorge an die Freundschaften zwischen Jungen und Mädchen an unseren Höheren Schulen und Universitäten. Dort geschehen Dinge, die einfach nicht recht sind, aber sie haben alles laufen lassen und dem Feind erlaubt, ihre moralische Haltung zu untergraben.

Um der Liebe Jesu willen

»Ich tat aber nicht also«, sagt Nehemia. Er hatte nicht nur diese Haltung, sondern auch ein Motiv, das ihn dazu antrieb. »Ich tat aber nicht also«, sagte er, »weil ich Gott fürchtete.« Keiner kann zum Herrn kommen, wenn er nicht reine Hände und ein reines Herz hat; denn ohne Heiligung kann niemand den Herrn sehen. Wenn wir vor ihm stehen mit reinen Händen und Herzen, werden wir alle, Männer und Frauen, ihn dankbar ansehen, daß unser Leben durch das Blut Jesu Christi gereinigt wurde.

Wir übertragen die Worte des Nehemia aus dem Alten Testament in das Neue. Als die einzige Grundlage für Heiligung und Sieg in unserem Leben kann ich uns nur nennen: » Ich tat aber nicht also um der Liebe Jesu willen.« Das ist das einzige Motiv, das einen Menschen bewegen kann, im rechten Verhältnis zu Gott zu stehen und sein Leben rein und klar zu halten.

Daß er sich selbst zum Opfer gab und zur Sünde gemacht wurde, damit ich losgemacht werden konnte von dem, was mich schließlich in die Hölle gebracht hätte; daß er alles auf sein Herz und in sein Leben genommen hat, das ist das einzige Motiv, das einen Menschen rein und heilig machen kann. Nur die unaussprechliche Liebe Jesu Christi, wie sie am Kreuz von Golgatha deutlich wird, kann einen Menschen befähigen, dem abzusagen, was ihn in die Sünde stürzen kann. Es kann ihn dahin bringen, daß er sagt: »Nein! Niemals! Denn es hat Gott zuviel gekostet, um mich zu retten!« Um der Liebe meines Heilandes willen kann ich da nicht hinschauen. Weil er mich so geliebt hat, kann ich dieser Gewohnheit nicht nachgeben.

Unser Glaubensleben ist wertlos, wenn es uns nicht zu Verhaltensweisen führt, die in starkem Gegensatz zu vielem stehen, was heute in der Welt an der Tagesordnung ist. Der Heiland sagt, daß es zwei Wege für das Leben gibt: »Gehet ein durch die enge Pforte. Denn die Pforte ist weit, und der Weg ist breit, der zur Verdammnis abführt; und ihrer sind viele, die darauf wandeln. Und die Pforte ist eng und der Weg ist schmal, der zum Leben führt; und wenige sind ihrer, die ihn finden« (Matth. 7, 13–14).

Wir werden unpopulär und verachtet sein; aber wir werden seinen Fußstapfen folgen. Es gibt viele Menschen, die nicht glauben, wie wir glauben, und nicht bereit sind, so zu leben, wie wir leben; aber doch werden sie im Herzen Achtung vor uns haben, weil wir den Mut besitzen, so zu handeln.

Ich will daran erinnern, daß ein Mensch sagen kann: »Ich glaube an Jesus, und ich glaube an meine Bibel.« Aber wenn wir in sein Herz schauen könnten, würden wir eine Abfallgrube vorfinden. Wenn die Menschen, mit denen wir im Beruf und zu Hause Gemeinschaft pflegen, ein moralisch beflecktes Leben führen, und jemand eines Tages an solchen Beziehungen Anstoß nimmt, wie wagen wir es dann, im Dienst der Verkündigung oder an verantwortlicher Stelle in der Kirche zu stehen? Wir wollen heute zurück unter das Kreuz gehen und die Liebe Jesu zur Triebkraft eines heiligen Lebens machen.

Im Leben Nehemias gab es eine Haltung, die ihn prägte, ein Motiv, das ihn bewegte, und eine Kraft, die ihn überwinden ließ. Wo finden wir die Kraft zum Überwinden? An derselben Stelle, wo auch die Motive in uns gelegt werden, am Kreuz Jesu Christi. Am Kreuz sehen wir nicht nur die ungeheure Antriebskraft der Liebe Gottes, sondern auch das Geheimnis der dynamischen Macht, die Sünde hinwegnehmen und ein geheiligtes Leben schenken kann. Das Kreuz ist Zentrum und Ausgangspunkt für ein geheiligtes Leben. Niemand erfährt etwas von diesem sieghaften Leben, wenn er nur nach Golgatha geht, um sich die Sünden vergeben zu lassen. Er muß auf Golgatha bleiben, bis er die Wunden in seinem Geist verspürt, bis er weiß, was es für den Heiligen Geist bedeutet, die Lüste, Leidenschaften und Begierden zu kreuzigen. Das Leben, das am Kreuz geopfert wurde, dieses Leben der vollkommenen Reinheit, das über das Grab triumphierte, steht für jeden Gläubigen zur Verfügung. Denn durch den Heiligen Geist kann er, Jesus, in unsere Herzen einziehen und seine Heiligkeit in uns ausleben. *Wir* können nicht überwinden, aber *er* kann! Unter seiner Vollmacht haben wir Vollmacht über den Feind.

»Ich tat aber nicht also um der Furcht Gottes willen. Auch arbeitete ich an der Mauer . . .« Das Geheimnis des Triumphes besteht nicht nur darin, daß ich Nein sage zur Sünde, sondern daß ich auch Ja sage zu Gottes Plan und Willen. Nehemia fuhr mit dem Positiven fort und widerstand dem Negativen. Nur wenn wir auf dem Boden eines untadeligen Lebens stehen, können wir Achtung erwarten und sind fähig, die Führung in einer Gemeinde zu übernehmen. Nur so kann uns Gott zum machtvollen Werkzeug in seiner Hand machen, durch das andere gesegnet werden.

vgl. Traktat Pahls

Es geht ums Ganze

Nehemia 6, 1–19

Gerade die ersten Worte aus Nehemia 6, 15 sind am wichtigsten, weil sie einen zusammenfassenden Überblick über die Arbeit wiedergeben: »Und die Mauer wurde fertig.« Diese Worte führen uns zu der Methode, durch die das Werk Gottes, der Aufbau der Mauer von Jerusalem, zu einem triumphalen Abschluß gebracht wurde. Sie lassen uns auch in das Herz eines Mannes blicken, den Gott gebrauchte, um die Sache bis zum Ende durchzustehen. Sie haben den Klang des Sieges in sich. Sie weisen hin auf die Härte des Kampfes, der durchstanden werden mußte, bevor der Widerstand gänzlich überwunden werden konnte. »Und die Mauer wurde fertig.«

Es gibt eine zweifache Erklärung für Nehemias Erfolg bei dem Werk, zu dem ihn Gott berufen hatte. Die erste steht im 16. Vers: ». . . daß dies Werk von Gott war.« Und die zweite ist das Thema dieses ganzen Kapitels. Es gibt immer eine zweifache Erklärung für den Erfolg einer Arbeit für den Herrn, eine göttliche und eine menschliche. Erstens ist es immer »von Gott gewirkt«; zweitens verlangt es die rückhaltlose Mitarbeit des Menschen.

Von Gott gewirkt

Mit dem letzteren will ich mich hauptsächlich befassen. Aber zunächst erst einmal ein Wort zur göttlichen Erklärung. Nehemia trug den Sieg davon, weil er eine Arbeit ausrichtete, die Gott begonnen hatte; und weil sie Gott begonnen hatte, führte er sie auch zum Ziel. Sie wäre nie ein Erfolg geworden, hätte Gott sie nicht angefangen. Wenn der Ursprung dieser Arbeit nicht im Herzen Gottes gelegen hätte, dann wäre sie Nehemia niemals in den Sinn gekommen. Ich möchte uns daran erinnern, daß wir nicht hier sind, um Programme für den Herrn und seine Gemeinde zu entwerfen. Wir sind nicht hier, um irgend etwas zu beginnen.

Unser Gott hat eine große, brennende Leidenschaft in seinem Herzen. Er findet Menschen, einen Mann, oder vielleicht ein junges

Mädchen, und erfüllt sie mit seinem Heiligen Geist, damit sie Kanäle werden, durch die er ausführen kann, was er zuvor geplant hat. Ich wiederhole noch einmal: Wir sind nicht gerufen, um Programme zu entwerfen; wir sind gerufen, der Welt und der Generation, in der wir leben, Gottes Geist mitzuteilen. Die Last auf Gottes Herzen gilt der Menschenmasse, die wie Schafe ohne Hirten sind. Ich wage zu behaupten, daß Gott sich vor allem darum kümmert. Alles andere ist zweitrangig.

Er ist nicht an unseren Versuchen sozialen Wiederaufbaus interessiert oder an unseren Wünschen, eine neue Ordnung des Weltfriedens herzustellen; denn Gott weiß sehr wohl, daß die einzige Ordnung, die je Erfolg haben kann, jene ist, die am Pfingsttag geschenkt wurde, um Männer und Frauen zu erneuern. Das ist die einzige neue Ordnung, die etwas zustande bringen kann. Der Friede Gottes im Herzen eines Menschen ist der einzige Friede, der beständig bleibt.

Gottes große Sehnsucht heute ist die Rettung der Menschen von der Welt, dem Fleisch und dem Teufel, bevor es zu spät ist. Die Welt, in der wir leben, reift schnell zum Gericht heran, und es kommt der Tag, an dem Gottes Gnade zu Ende ist und sein Gericht naht. Der Vater, der Sohn und der Heilige Geist haben nur das eine Verlangen, Menschen zu retten und sie vor der ewigen Hölle zu bewahren, bevor die Stunde des Gerichtes schlägt.

Rückhaltlose Mitarbeit

Um seine Ziele zu erreichen, bedient er sich menschlicher Tätigkeiten und menschlicher Mitarbeit. Er möchte, daß jeder von uns brauchbar sei. Sind wir es nicht, dann wird das Gottes Ziele nicht durchkreuzen; es bedeutet dann nur, daß wir verworfen und beiseite gestellt werden. Gott wird dann hier und da andere herausrufen, die willig sind, sich ihm zur Verfügung zu stellen, damit seine Absichten verwirklicht werden.

Die große Frage ist, wie viele Menschen heute die Gelegenheit ernsthaft wahrnehmen, daß Gott sie persönlich gebrauchen kann. Es sollte jedem denkenden Menschen bewußt sein, daß die Mächte, die in unserem modernen Zeitalter wirken, weit größer sind als nur Menschenmacht. Die Spannung dieser Welt scheint sich ständig mehr dem Explosionspunkt zu nähern. Die Ursachen liegen im Herzen des Menschen, aber sie werden durch satanische Mächte inspiriert. Der atheistische Kommunismus kann nur auf der Ebene eines kühnen, wagemutigen Christentums angegangen werden. Eine Antwort auf die Mächte des Bösen gibt es nur in der geistlichen Macht des Guten. Es ist reiner Unsinn, wenn man versucht, den Kommunismus auf der Ebene der Politik und Diplomatie zu überwinden. Wir sind zum Mißerfolg verurteilt, wenn wir das tun. Die einzige Hoffnung in unseren Tagen ist eine kämpfende Gemeinde, die völlig dem Willen Gottes ergeben ist. Denn ich glaube, daß eines Tages jeder vor Gott Rechenschaft ablegen muß, ob er den Anforderungen unserer Zeit genügte oder nicht, und ob er ein Leben der völligen Hingabe um Gottes willen lebte. Wenn Gott in seiner Gemeinde heute nicht mehr solche Christen findet, stürzen wir kopfüber ins Unglück. Nur eine Tatsache kann überhaupt noch die Flut eindämmen, wenn es Gottes Wille ist, sie aufzuhalten und das Kommen Jesu noch hinauszuschieben: eine vom Heiligen Geist erfüllte Überzeugung des Volkes Gottes, daß wir das Licht haben, und daß unser Wandel das deutlich macht.

Gott beschlagnahmte Nehemia und fand in ihm einen Mann, durch den er einen offenen Kanal hatte. »Und die Mauer wurde fertig.« Auf der einen Seite gab es einen Plan, der im Himmel entworfen wurde, und auf der anderen Seite stand ein Mann, der völlig dem Willen Gottes ergeben war. Wären wir doch auch Leute wie Nehemia, die Gottes Vertrauen in unseren schrecklichen Tagen nicht enttäuschten!

Was ist das für eine Mitarbeit, zu der uns Gott beruft? Ich glaube, es ist der Entschluß, koste es, was es wolle, dem Angriff Satans auf unser Leben zu widerstehen und mit unserem Herrn und Retter bis ans Ziel durchzuhalten. Genau das finde ich in der Autobiographie Nehemias hier im 6. Kapitel. Die Mauer war fast fertig. Der Widerstand ballte sich noch einmal mit ganzer Kraft zusammen, um in letzter Minute ihre Vollendung zu verhindern. Was wir auch für eine Sicht des prophetischen Wortes haben, die Überzeugung der meisten ist: Der Kampf ist beinahe beendet; die versöhnende Tat Gottes in dieser Gnadenzeit ist fast vollendet. Wir leben in der letzten Zeit, in der Satan noch einmal seine ganze Kraft aufbietet, um den Plan Gottes zu vereiteln.

Was kam auf Nehemia zu? Ich möchte, daß wir die drei Arten des Angriffs in Kapitel 6 beachten, denen dieser Mann Gottes standhalten mußte.

Der Fallstrick der weltlichen Freundschaft

Die erste ist der Fallstrick der weltlichen Freundschaft. Als die Arbeit noch im Anfangsstadium war, waren Lächerlichmachung, Drohung, Beschimpfung und Verachtung die Hauptwaffen des Feindes. Aber jetzt, da die Arbeit fast vollendet war, hatte der Feind Beschimpfung und Verachtung gegen heimtückischere Arten des Kampfes vertauscht. Im 2. Vers dieses Kapitels lesen wir, daß sie viermal zu Nehemia kamen mit der Bitte: »Komm und laß uns zusammenkommen in der Ebene!«

»Nehemia, komm herunter auf die gleiche Stufe mit uns, sei nicht so extrem, sei nicht so fanatisch und einseitig, sei nicht so engherzig!«

Kennen wir solche Töne? Ist uns der Klang solcher Worte vertraut? Ist uns das schon zugeflüstert worden: »Sie haben Ihr Teil dazu beigetragen, nehmen Sie es nicht so ernst und genau!« Das ist eine der Angriffsmethoden Satans. Er sagt immer: »Komm herunter!« Und er versteht es meisterhaft, zu locken und zu reizen. Mit List und Tücke versucht er den Mann Gottes zum Kompromiß zu verleiten. Wir glauben zutiefst an einen persönlichen Teufel, weil wir an einen persönlichen Heiland glauben. Satan wartet bei uns als Christen nicht darauf, daß wir einen schlimmen moralischen Fehltritt begehen.

Er möchte unbedingt, daß wir einen Kompromiß machen. Wenn er uns bei einem Versagen dazu überreden kann, unsere Maßstäbe als Christen aufweichen zu lassen, daß wir sagen: »Es ist nicht so schlimm«, hat er einen gewaltigen Sieg errungen. Er sagt im Grunde immer: »Du kannst getrost ein Christ sein, aber sei nicht so fanatisch. Laß die hohen Ziele fahren und schraube deine Erwartungen herunter; es wird doch nichts daraus. Behalte deine weltlichen Freunde und deine weltlichen Interessen bei. Besuche das Varieté, geh hin und wieder tanzen! Übertreib die Sache Gottes nicht, sonst wirst du noch verrückt und endest im religiösen Wahnsinn!«

Ich möchte uns daran erinnern, daß wir nicht den Geist der Knechtschaft zur Furcht empfangen haben, sondern »den Geist der Kraft, der Liebe und der Zucht« (2. Tim. 1, 7). Nur der hat einen gesunden Geist, der sich hundertprozentig Gott mit seinem ganzen Leben hingibt. Jeder, der eine Arbeit für den Herrn tut, steht in der Gefahr, überredet zu werden, an einer Stelle die Maßstäbe für sein Leben herabzusetzen. Hierin liegt der Fallstrick weltlicher Freundschaft.

Warum ist das so? Wenn ein Christ einen Kompromiß eingeht, läßt er in diesem Augenblick die Kraft der dritten Person der Dreieinigkeit in seinem Leben nicht zur Entfaltung kommen. Ich wiederhole noch einmal: Die großen Siege des Teufels geschehen nicht durch schwere moralische Verfehlungen bei Christen – Gott sei Dank sind sie selten. Aber wenn ein Mensch, der sich von weltlicher Gesinnung getrennt und sein Leben Gott geweiht hat, auf irgendeine Weise verleitet wird, auch nur an einer kleinen Stelle einen Kompromiß einzugehen, hat Satan ihn von diesem Augenblick an im Griff, und er ist nicht länger ein Segenskanal Gottes. Ein Christ, der einen Kompromiß eingeht, steht Gott im Wege, anstatt ein Segen für die Menschen zu sein.

Die Tücke der üblen Nachrede

Zweitens: Achten wir auf die Verse 5 bis 7. Nehemia muß die Tücke der üblen Nachrede von der Welt über sich ergehen lassen. Ihm werden Stolz und Eigennutz vorgeworfen. Sie sagen, er arbeite in seine eigene Tasche und wolle sich in Jerusalem ein Königreich aufbauen.

Wenn die Welt den Christen nicht zu einem Kompromiß überreden kann, beginnt sie Gerüchte über ihn zu verbreiten und ihm falsche Motive zu unterschieben. Wenn ein Christ ganz für den Herrn lebt, und nur die Rettung der Menschen will, wird er zur Zielscheibe für die spitze Zunge anderer Leute. Der schlimmste Feind für die Gläubigen ist das Glied des menschlichen Körpers, das bei der Heiligung an letzter Stelle steht: dieses gefährliche Ding in unserem Mund, welches freundlich reden und im nächsten Augenblick Gift verspritzen kann. Wenige Leute trauen es einem Mann Gottes zu, daß er nur zur Ehre Gottes redet. Irgendwelche eigennützigen Zwecke muß er doch verfolgen! Sogar sein Charakter wird Gegenstand übler Nachrede. Manchem, der ein reines, gottwohlgefälliges Leben zu führen suchte, wurde übel mitgespielt, weil jemand ein Gerücht über ihn verbreitete.

Gott bewahre uns davor, daß wir ein Werkzeug in Satans Hand werden. Wenn wir versucht sind, schlecht über einen anderen Christen zu reden, sollten wir beten, daß Gott unsere Lippen bewahrt. Ob wir Pfarrer oder Lehrer, Evangelist oder Sonntagsschullehrer sind, welche Stellung wir auch in verantwortlichem Gemeindedienst innehaben, es gibt immer Leute, die uns gegenüber ins Angesicht freundlich sind, die aber hinter unserem Rücken unser Verderben im Auge haben. Nehmen wir uns in acht vor solchen Christen, die in unserer Nähe nett sind, die aber nur darauf warten, daß wir irgendwie zu Fall kommen. Ihr Teil wird sein in dem Feuer, das nie verlischt; denn Jesus hat gesagt: »Es werden nicht alle, die zu mir sagen: Herr, Herr! in das Himmelreich kommen, sondern die den Willen tun meines Vaters im Himmel« (Matth. 7, 21).

Das Ärgernis einer nur weltlichen Frömmigkeit

Drittens: Nehemia mußte sich nicht nur mit den Schlingen weltlicher Freundschaft und der Heimtücke übler Nachrede vor der Welt auseinandersetzen, sondern auch mit dem Ärgernis einer nur weltlichen Frömmigkeit. Im 10. Vers lesen wir, daß einer der Feinde, nachdem es ihm nicht gelungen war, Nehemias Freundschaft zu erwerben, und er auch durch üble Nachrede nichts erreicht hatte, nun als Wolf im Schafspelz kommt. Wir alle sollten davon überzeugt sein, daß Satan weit gefährlicher ist, wenn er als Engel des Lichts auftaucht anstatt als brüllender Löwe. Und weil er weit mehr als Engel des Lichts kommt, müssen wir immer auf der Hut sein. Dieser Mann gibt sich als Prophet aus, und er drängt Nehemia, zu fliehen und sich im Tempel einzuschließen, damit der Feind ihn nicht schlagen könne. Er versucht Nehemia zu einem bequemen, kompromißvollen Glaubensleben zu überreden, das der Verfolgung ausweicht, kein Kreuz tragen will und von der Furcht vor der Meinung anderer Leute beherrscht wird.

Kein Mensch kann ein Werk Gottes ausführen, wenn er sich von dem leiten läßt, was andere Leute denken. Er braucht Gemeinschaft, Gebet, Hilfe und brüderlichen Rat. Es wäre töricht, wenn er das nicht in Anspruch nähme. Aber wenn seine wichtigen Entscheidungen nur von allgemeinen Meinungen abhängig gemacht werden, muß er versagen.

Hier haben wir es mit der schlimmsten Form von Intrigen zu tun; denn unter Nehemias eigenen Mitarbeitern waren solche, die in Korrespondenz mit dem Feind standen. Sie schrieben Briefe, tauschten ihre Ansichten mit dem Feind aus. Und wie kam das? Sie waren Mischehen eingegangen.

Es gibt in jeder Kirche eine Anzahl Männer, die das Rechte erkennen, aber unter dem Pantoffel ihrer Frauen stehen. Sie wissen, was sie tun sollten; aber sie werden von ihrer Lebensgefährtin abgehalten, es zu tun. Manch eine Frau weiß, wie sie vor Gott leben sollte, aber sie geht Kompromisse ein aus Furcht vor ihrem Mann. Manch ein Mann gewinnt innere Überzeugungen im Bezug auf gewisse Gepflogenheiten in seinem Hause, aber er wird sich weigern, sie in die Tat umzusetzen aus Angst vor dem, was seine Familie, seine Kinder davon halten würden. Ich kann mir vorstellen, daß wir alle auf diesem Gebiet unsere Kämpfe haben.

Das Erfolgsgeheimnis eines Reichgottesarbeiters

Am meisten bewegt mich dieser letzte Punkt: Das Erfolgsgeheimnis eines Reichgottesarbeiters. Hier ist ein Mann, dem eine Arbeit gelang; und durch die Gnade Gottes möchte ich das auch lernen.

Und das wünsche ich mir für uns alle. Wie aufregend ist das! Wie beantwortet Nehemia den Vorschlag, hinabzukommen und in die Schlingen weltlicher Freundschaft zu geraten? »Ich habe ein großes Geschäft auszurichten, ich kann nicht hinabkommen; es möchte das Werk nachbleiben, wo ich die Hand abtäte und zu euch hinabzöge.«

Nehemia begegnete der Verleumdung mit einem klaren Nein allen ihren Anschuldigungen gegenüber: »Solches ist nicht geschehen, was du sagst; du hast es aus deinem Herzen erdacht . . . Aber nun stärke meine Hände!«

Nehemia begegnete dem Ärgernis einer weltförmigen Frömmigkeit mit fester Entschlossenheit: »Sollte ein solcher Mann, wie ich bin, fliehen?«

Aber ich würde nicht unsere Herzen gewinnen und ein Echo finden, wenn ich nur von Nehemia spräche. Er ist nur ein Typos, eine Abschattung. Sooft wir unsere Bibel aufschlagen und lesen, können wir Christus darin finden. Von 1. Mose 1 bis Offenbarung 22 hören wir nur von ihm, wenn wir ihn darin suchen. Einige Bücher der Bibel erwähnen ihn nicht einmal, z. B. sagt das Buch der Sprüche nie etwas über den Herrn. Aber wenn wir anstelle von »Weisheit« »Christus« einsetzen, beginnt das ganze Buch für uns lebendig zu werden; denn »er ist uns zur Weisheit gemacht«. Hier in Nehemia finden wir ein wunderbares Abbild für unseren teuren Herrn. Nehemia ist der Schatten, Jesus selbst ist die Wirklichkeit.

Gott hat nur einen Weg, das Werk der Versöhnung zu vollbringen, um unsere Seele von der Hölle zu retten. Das erforderte die engste Zusammenarbeit mit seinem geliebten Sohn, der schon vor der Zeit beim Vater war. Und so mußte Jesus als das Werkzeug, durch das Gott unsere Versöhnung schuf, dem begegnen, dem Nehemia zu begegnen hatte. »Komm herab und laß uns in der Ebene zusammenkommen«, sagten Nehemias Feinde; und die Menge höhnte und verspottete Christus, spie ihn an und verlästerte ihn, als er am Kreuz hing. »Bist du Gottes Sohn, so steig herab vom Kreuz!«

Wir hören das Echo des Nehemia: »Ich kann nicht kommen, ich habe ein großes Geschäft auszurichten.« »Er hat andern geholfen und kann sich selbst nicht helfen.« Welch eine Arbeit war das! Wenn er heruntergekommen wäre, hätte es keine Errettung gegeben, auch nicht für einen einzigen Menschen. Die ganze Welt wäre in die ewige Verdammnis gestürzt. Jesus sagte – und das war entscheidend: »Nein, ich kann und will nicht hinunterkommen; denn sonst würde keiner gerettet.«

Wir sind seine Vertreter, und ich möchte uns nahelegen, daß wir aus Gottes Sicht im Himmel unseren Platz haben, hoch über allen Mächten und Gewalten. Sollten wir hinunter zur Welt gehen, die unter dem Gericht steht? Nein, niemals! Ist das unsere Antwort auf die Schlingen der Freundschaft der Welt? Jesus sagte »Nein«, und in seinem Namen wollen wir auch »Nein« sagen.

Sie verleumdeten ihn. Er mußte sich nicht nur mit den Schlingen weltlicher Freundschaft auseinandersetzen, sondern auch mit hinterlistigen Verleumdungen durch die Welt. Sie sagten, er sei ein Schlemmer und Weinsäufer, er sei ein Freund der Sünder. Sie unterstellten ihm immer wieder falsche Motive und erhoben falsche Anschuldigungen. Aber als er geschmäht wurde, schmähte er nicht wieder. Jemand hat uns vielleicht schlecht gemacht und unseren Ruf in den Schmutz gezogen und sich kritisch und lieblos über uns geäußert. Wollen wir es ihm zurückzahlen? Oder können wir es durch die Gnade Gottes im Namen Jesu ertragen?

Er mußte auch dem Ärgernis weltlich gesonnener Frömmigkeit begegnen. Der Teufel versuchte ihn vom Kreuz abzuhalten, ihn zu überreden, einen leichteren Weg einzuschlagen. Aber obgleich er zwölf Legionen Engel zur Hilfe hätte holen können, floh er nicht; und am Ende konnte er ausrufen: »Es ist vollbracht.«

Wie weit sind wir bereit, uns dem Herrn zur Verfügung zu stellen, damit die Arbeit vollendet wird? Der Heilige Geist möchte uns mit der Liebe Jesu erfüllen; denn nur so kann er uns gebrauchen. Er möchte die Flamme der Liebe von Golgatha für die Verlorenen in unseren Herzen entzünden. Er möchte, daß wir seine Gesinnung und seine Last teilen, unabhängig davon, was die Allgemeinheit von uns denkt. Er möchte Männer und Frauen, die den ganzen Weg mit ihm gehen. Wollen wir so das Werk vollenden?

Die Quelle der Kraft

Nehemia 8, 1–12

Wie wir im Anfangskapitel schon sahen, ist das Buch Nehemia in zwei Abschnitte geteilt. Die ersten sechs Kapitel berichten uns vom Wiederaufbau der Mauer Jerusalems, die letzten sieben Kapitel aber haben es mit der Unterweisung des Volkes Gottes zu tun. Wir wenden uns nun diesem zweiten Teil zu, dem siebten und achten Kapitel.

Seine große Aufgabe, der Wiederaufbau der zerstörten Mauer rund um Jerusalem, war vollendet. Nehemia tritt für einen Augenblick zurück. Esra, der Schriftgelehrte, betritt die Szene. Er war ungefähr 13 Jahre vor Nehemia nach Jerusalem zurückgekehrt, und er stand Nehemia während der ganzen Zeit des Aufbaus zur Seite.

Die Vollendung der Mauer von Jerusalem bedeutete einen ungeheuren Sieg und eine große Errungenschaft, aber für die Erbauer war der Zeitpunkt der Entspannung noch nicht gekommen. Im Gegenteil, dies war der Zeitpunkt der höchsten Gefahr. Im ganzen Lande rings um die Stadt waren die Feinde des Volkes Gottes eifrig darauf bedacht, trotz der Mauer anzugreifen. Ihretwegen befand sich Jerusalem in ständiger Gefahr.

Es ist wahr, daß der Augenblick der großen Leistung oder des Erfolges in einem christlichen Werk einer der gefährlichsten ist. Josua erkannte diese Tatsache, das wissen wir. Der ungeheure Triumph in Jericho wurde von der tragischen und demütigenden Niederlage in Ai begleitet, nur weil die Macht des Feindes unterschätzt wurde. Das Volk Gottes lebte in der Vorstellung, daß der große Sieg von Jericho, der ja im Grunde nicht ihre, sondern Gottes Tat war, ihnen für alle kommenden Zeiten eine bleibende Kraft vermittelt hätte.

Sind wir nicht in genau der gleichen Gefahr? Man kann sich leicht vorstellen, daß jeder Sieg dazu hilft, neue Siege zu erringen. Es gibt keine Erfahrung im Glaubensleben, wie erhebend und sieghaft sie auch sein mag, die uns für alle Zeit mit Kraft ausrüsten könnte. Wir bleiben genauso arm und hilflos und bedürftig wie zuvor, wenn es nicht die Gnade und die Macht des Blutes Jesu gäbe.

Wächterdienst

Wenn wir uns die Kapitel 7 und 8 des Nehemiabuches ansehen, erkennen wir, wie nüchtern Esra und Nehemia an ihren Grundsätzen festhielten. Sie trafen sehr sorgsame Vorkehrungen hinsichtlich des Öffnens und Schließens der Stadttore und stellten Regeln auf für die, die den Wächterdienst tun sollten. Sie waren entschlossen, gegen mögliche Angriffe auf der Hut zu sein.

Ist es nicht wahr, daß Glaube und Leichtsinn Gegensätze sind? Sorglos in geistlichen Dingen zu sein und die satanische Macht zu unterschätzen, ist nie ein Zeichen von Frömmigkeit oder besonderem Mut, sondern eher von vollkommener Dummheit. Jeder wachsame Glaubenskämpfer muß immer mit der Möglichkeit eines Gegenangriffs des Teufels rechnen und wird in seinem Leben wachen und beten müssen.

Achten wir darauf, was für einen Menschen Nehemia auswählte für die Bewahrung der Stadt. Im 7. Kapitel, Vers 2, wird er als ein »treuer Mann« und als »einer, der Gott vor allem fürchtete« beschrieben – Treue und Glauben! Hanani war offensichtlich ein Mensch, dem Nehemia in jeder Lage vertrauen konnte. Solche Leute brauchen wir in unserer Arbeit für den Herrn. Wie viele von uns bekräftigen lautstark ihre Treue zu Gott, während sie die Arbeit, die ihnen in seinem Dienst anvertraut ist, nur nachlässig tun. Ehrfurcht vor Gott ist der Schlüssel für die Treue in jeder Lage.

Als das Werk vollendet war, war deshalb nichts nötiger, als daß das Volk Gottes mit viel Verständnis an die Schrift herangeführt wurde. Sie mußten auch unbedingt das Geheimnis ihrer Kraft für die Zukunft geistlich verstehen lernen. Das Kapitel, aus dem dieser Text ausgewählt wurde, berichtet von einer bemerkenswerten Versammlung, die sich sehr von einer üblichen Tagung unterschied. In einer Tagung ist auch Raum für Diskussion, in einer geistlichen Versammlung aber geht es um Entscheidungen des Glaubens. Wie wir sehen, hat sich das Volk wie ein Mann versammelt, um das Wort Gottes zu hören. Es wurde ihnen nicht nur vorgelesen, sondern auch klar und deutlich erklärt.

Das Ergebnis war, daß sich das Volk des eigenen Versagens und der Sünde bewußt wurde, und sie weinten. Das war erstaunlich!

Der Tag des großen Sieges war zugleich ein Tag der tiefen Sündenerkenntnis. Die Herzen wurden mit Traurigkeit erfüllt, als sie entdeckten, wie ernst ihr Versagen im Licht des Wortes Gottes war.

Aber geschieht das nicht immer bei denen, die mit Gott im Licht seines Wortes wandeln? Je mehr wir die Frucht des Kreuzes auf Golgatha erfahren und die Macht des auferstandenen Herrn, um so tiefer wird uns unsere Verdorbenheit bewußt. Gott erlaubt es uns nicht, in dem Bewußtsein zu leben, wir würden immer besser und heiliger. Er erinnert uns immer wieder daran, daß er seine Ehre keinem anderen geben will, daß die Schlacht sein ist und auch der Sieg. Wenn einer mit Paulus ernsthaft bekennen kann: »In mir, das ist in meinem Fleische, wohnt nichts Gutes« (Röm. 7, 18), dann ist er ein großes Stück in seiner geistlichen Erkenntnis vorangekommen.

Das Geheimnis der Kraft – die Freude am Herrn

Aber wenn es wahr ist, daß wir völlig hilflos sind, wie kann dann die Schlacht gewonnen werden? Was ist das Geheimnis der Kraft? Wo kann man die Macht hernehmen, um das Versagen und Zukurzkommen der Vergangenheit zu vermeiden?

Die Antwort von Esra und Nehemia ist einfach die: »Die Freude am Herrn ist eure Stärke.«

Ich bin sicher, daß viele von uns sich nur allzu sehr des Versagens in dieser oder jener Form bewußt sind, und daß sie viel darum gäben, das Geheimnis der Kraft für die Zukunft zu entdecken.

Wir haben über die Sünde geweint und getrauert, und wir werden auch fortfahren damit, und doch ist das Versagen immer noch da. Wir wissen, daß wir unbedingt Kraft brauchen, die trägt, nicht nur ein wenig Kraft für den Augenblick, sondern wirkliche Kraftzufuhr, die unser ganzes Leben lang anhält.

Der Geist der Beugung ist für ein Herz, das sein eigenes Versagen auf der ganzen Linie erkennt, wunderbar. Aber auch das kann der Teufel für seine Ziele verwenden. Mit welch hartnäckigem und listigem Feind haben wir es zu tun. Er ist viel zu stark für uns. Nur wenn wir uns ganz auf unseren Herrn stützen, können wir ihn beständig überwinden.

Wenn der Geist Gottes in uns wirkt und wir unseren Zerbruch, unser Versagen und unsere Sünde im Licht Gottes sehen, überkommt uns oft das Gefühl: Es hat ja doch alles keinen Sinn. Es wäre besser, ich würde alles vergessen. Ich bin ein hoffnungsloser Sünder, und es ist am besten, ich gebe auf. Der Teufel liebt es, so mit uns zu reden. Wenn er uns auf einem Gebiet zu Fall gebracht hat, flüstert er uns zu: »Ich sagte dir doch, das Leben als Christ bringt nichts ein. Du kannst es nicht schaffen.« Hat er uns erst einmal am Boden, dann will er uns auch unten halten.

Aber gerade das will der Heilige Geist nicht. Er will uns an die Grenzen unserer eigenen Kraft bringen, damit wir die unerschöpflichen Quellen in Christus, unserem Herrn, entdecken.

Ich habe Gläubige kennengelernt, die sich der Sünde in ihrem Leben bewußt waren und die das Beten beinahe ganz aufgegeben hatten, weil sie keinen Sieg an einem bestimmten Kampfabschnitt in ihrem Leben erreichten. Sie waren erschreckt, das Böse in ihrem eigenen Herzen zu entdecken. Aber es ist für mich ein großer Trost, wenn ich weiß, daß die Dinge, die mich schockieren, niemals Gott schokkieren. Er wußte das alles, bevor er mich rettete. Es gab keine Sünde, zu der ich fähig bin, die er nicht sah und wahrnahm. Es mag uns bestürzen, wenn wir sehen, wie wir durch und durch sündig sind. Gott aber überrascht das nicht. Er hat hinreichend Mittel, um unserer Not zu begegnen.

Welches sind die Mittel? Wir wollen noch einmal auf das Wort des Herrn achten, das Esra zu dem gedemütigten Volk sprach: »Gehet hin und esset das Fette und trinket das Süße und sendet denen auch Teile, die nichts für sich bereitet haben; denn dieser Tag ist heilig unserem Herrn. Und bekümmert euch nicht; denn die Freude am Herrn ist eure Stärke« (Neh. 8, 10).

Was ist Freude am Herrn? Was war nach Esras Aussage die Kraft des Volkes? Gewiß nicht die Heiterkeit, nicht das hohle Lachen der Welt, auch nicht eine oberflächliche Gefühlsbewegung. Es muß etwas Tieferes sein als das.

Freude, die auf Vergebung beruht

Erstens: Es ist die Freude, die auf der Vergebung beruht. Wir erhalten keine Vergebung, weil wir traurig sind über unsere Sünde. Der einzige Grund der Vergebung durch Gott ist der Opfertod Jesu Christi. Es spielt keine Rolle, wer oder was wir sind. Durch den Tod seines Sohnes Jesus Christus sind wir von Gott angenommen, und durch nichts sonst. Vergebung können wir nicht erwerben, sondern wir empfangen sie als eine Gabe. Wir können noch so viel bitten und flehen, wenn wir das Kreuz nicht als Grundlage der Vergebung anerkennen, hilft uns das nichts. Umsonst hämmern wir dann an eine Tür, die nichts mit der gemein hat, die uns Jesus durch sein Opfer aufgetan hat.

Viele Leute sagen: »Auf diesem Weg will ich nicht zu Gott kommen. Es ist so demütigend, als Sünder angenommen zu werden.« Aber das Wort Gottes sagt mit voller göttlicher Autorität: »Es ist in keinem anderen Heil, es ist auch kein anderer Name den Menschen gegeben, darin wir sollen selig werden« (Apg. 4, 12). Und es gibt keine zwei Wege, sondern nur einen einzigen. Wir mögen denken, Gott sei herzlos. Und doch zeigt sich gerade hier sein ganzes Herz; denn auf diesem einen Weg haben wir grenzenlosen Zugang zu ihm. Sind wir auf diesen Weg gekommen, dann ist die Freude am Herrn angebrochen; denn wir haben Vergebung erlangt.

Der verlorene Sohn hungerte in einem fernen Land, aber als er nach Hause kam, wurde er mit den besten Kleidern angetan und erhielt einen Ring an seinen Finger als kostbare Zeichen der vergebenden Gnade Gottes. Er war ganz allein im fernen Land gewesen. Aber im Vaterhaus war nicht nur er allein fröhlich, sondern »sie« fingen an fröhlich zu sein.

Das war die Freude am Herrn, die auf der Vergebung beruhte. Die Vergangenheit wurde durch das Blut Jesu Christi zugedeckt. »So ist nun nichts Verdammliches an denen, die in Christo Jesu sind« (Röm. 8, 1).

Wenn Gott vergibt, vergißt er auch und wirft alle unsere Sünden in die Tiefen des Meeres hinter sich, soweit der Osten vom Westen ist. Das sind bildhafte, dynamische Ausdrücke des Wortes Gottes, um uns der Vergebung ganz gewiß zu machen. Warum sollten wir es Satan erlauben, uns all das wieder bewußt zu machen, was für immer bei Gott ausgelöscht wurde. Das ist das eine große Geheimnis der Freude.

Freude, die sich in Anfechtung bewährt

Das zweite Geheimnis der Freude am Herrn ist, daß sie sich in Anfechtung bewährt. Ein Christ sollte sich jederzeit freuen können. Nicht daß er umherläuft und die ganze Zeit über ruft »Halleluja, Bruder!« Lautes Getön ist nicht immer ein Zeichen für geistliche Haltung. Aber er sollte in jeder Lage eine ruhige, heitere Gelassenheit besitzen.

Wenn wir jemanden so sehen, sagen wir uns automatisch: »Er hat gut lachen und fröhlich sein. Er muß sich nicht mit solchen Problemen auseinandersetzen, wie ich sie habe. Ihm sind keine Lasten auferlegt.« Wirklich nicht?

Schauen wir hinter ein solches Leben, und wir werden erkennen, daß die Freude gerade deshalb so echt ist, weil sie durch die Anfechtungen herausgefordert wird. Die Schwierigkeiten und Probleme, die Gott in ein Leben hineinordnet, sind wie die Trauben, die in der Kelter zerdrückt und zerquetscht werden, bis Wein herausfließt. Viele von uns sehen nur den Wein der Freude und merken nicht, daß hinter der Freude der Druck der Anfechtung steht.

Solch ein Mensch wird nicht darüber sprechen wollen. Er geht nicht umher, um Sympathie zu suchen, er ist vom Selbstmitleid befreit. Etwas Besonderes verbindet ihn mit seinem Herrn, etwas, das er nicht mit anderen teilen kann, weil es die Kraft seines Lebens ausmacht.

Möchten wir so etwas kennenlernen? Dann schlage ich vor, daß wir gemeinsam Besuche machen, so wie ich sie von Zeit zu Zeit machen darf. Es ist mir ein besonderes Vorrecht. Ich bin manchmal sehr gedemütigt, wenn ich einige Häuser verlasse, in denen das Leben so strahlend und fröhlich schien, und ich doch eine Belastung, eine ungeheure Anfechtung entdecken mußte, die so tapfer getragen wurde, daß durch alles hindurch die Freude am Herrn sichtbar wurde.

Wir wollen einen Augenblick in das Leben unseres Herrn sehen. Welch eine Last trug er! Keiner war so angefochten wie er. »Ein

Mann mit Sorgen und Schmerzen beladen.« Und doch sagt er: »Solches rede ich zu euch, auf daß meine Freude in euch bleibe und eure Freude vollkommen werde« (Joh. 15, 11).

Freude, die auf Gehorsam gegen Gott beruht

Das dritte Geheimnis der Freude am Herrn ist, daß sie auf dem Gehorsam Gott gegenüber beruht und nicht auf einem erfolgreichen Dienst für den Herrn.

Wir wollen ein wenig über das Geheimnis dieser Freude am Herrn nachdenken. Wie war es mit der Freude Jesu selbst? Der Schreiber des Hebräerbriefes sagt uns, daß er ». . . da er wohl hätte mögen Freude haben, erduldete das Kreuz und achtete der Schande nicht« (Hebr. 12, 2). Das Geheimnis seiner Freude lag darin, daß er tat, wozu der Vater ihn gesandt hat.

Aus menschlicher Sicht war das Ergebnis seines Dienstes ein Mißerfolg. Er konnte nur wenige Menschen um sich scharen. Sein Dienst wurde nicht anerkannt; aber er hielt durch, auch in der Schmach des Kreuzes, weil er auf die Freude sah, die vor ihm lag. Den Willen Gottes tun, den Befehlen Gottes gehorchen, das sind die Dinge, die Freude bringen.

Das bedeutet natürlich auch, daß wir darauf gefaßt sein müssen, in den Augen anderer Leute als Versager abgestempelt zu werden. Sicher haben wir schon im Laufe unseres Lebens entdeckt, daß man Christen nur wenig nachsieht. Einem Menschen in der Welt entschuldigt man sehr viel. Aber versagt ein Christ im Dienst des Herrn, dann soll ihm das nie verziehen werden. Er muß Ergebnisse aufweisen, er muß Bekehrungen aufzählen können, er muß Erfolge haben. Der Herr kann uns in seiner Gnade viel Gelingen schenken und uns auch eine Welle von Segnungen zuteilwerden lassen, aber er kann uns auch das alles vorenthalten. Es liegt allein in seiner Hand. Was im Dienst des Herrn zählt, ist die Bereitschaft, Gottes Willen zu tun und seinem Wort nach der Macht des Geistes gehorsam zu sein. Geschieht das, dann wird in unseren Herzen tiefe, bleibende Freude sein.

Wie gern wüßte ich, ob in uns die Glocken der Freude zum Klingen kommen, wenn wir dies lesen. Gehen wir frisch ans Werk oder schleppen wir uns nur so dahin? Freuen wir uns darüber oder lassen wir nur alles über uns ergehen? Ja, die Freude am Herrn beruht auf der Vergebung. Sie wird durch Anfechtung gestählt und ist vom Gehorsam abhängig.

Freude, die unabhängig ist von äußeren Umständen

Aber noch etwas muß erwähnt werden. Die Freude am Herrn ist unabhängig von äußeren Umständen. Der Christ weiß es, oder sollte es wissen, daß nichts in seinem Leben geschehen kann, was der Herr nicht selbst zuläßt. Er ist es, der uns versucht, aber nie so, daß wir die Versuchung nicht ertragen könnten. Er schafft mit der Versuchung auch den Ausweg. Erprobung oder Versuchung, wie wir es auch immer nennen mögen, wird in das Gewebe eines jeden Christenlebens eingeflochten. Das will Gott so. Wir wollen uns dem nicht entziehen.

Was auch Gott an Schwerem über unser Leben zuläßt, wir sollten gewiß sein, daß er uns auch die Kraft verleiht, es durchzustehen. Die große Frage in Zeiten der Anfechtung ist nicht »Warum«, sondern »Wozu«. Nicht warum geschieht das, sondern was will Gott, das ich nach seinem Willen daraus lernen soll? In dieser Hinsicht sind wir alle in einer Schule, aus der wir nie entlassen werden, bis wir in den Himmel kommen.

Daher kann uns Freude auch befähigen, mitten in der Nacht zu singen wie Paulus und Silas im Gefängnis. Das soll nicht heißen, daß ein Christ immer glücklich ist; denn glücklich sein hängt vom Glück ab. Aber es bedeutet, daß wir mitten in allem Herzeleid tief innen eine Freude empfinden, die uns keine Macht der Erde nehmen kann.

Ja, die Freude am Herrn kann auch in Zeiten der Selbstverleugnung wie Johannes der Täufer singen: »Der Freund aber des Bräutigams . . . freut sich hoch über des Bräutigams Stimme. Diese meine Freude ist nun erfüllt. Er muß wachsen, ich aber muß abnehmen« (Joh. 3, 29–30). Es ist nicht leicht, an der Freude festzuhalten, wenn wir aufs tote Gleis geschoben werden oder wenn wir weder Dank noch Anerkennung erhalten. Aber warum sollte es uns anders ergehen als dem Herrn Jesus? Er erntete auch weder Dank noch Anerkennung. Wir verlieren bald unsere Freude, wenn wir Anerkennung bei den Menschen suchen. Es ist die Freude am Herrn, die uns in der Versuchung singen läßt: ». . . achtet es für eitel Freude, wenn ihr in mancherlei Anfechtungen fallet« (Jak. 1, 2). Jesus sagt: »Selig seid ihr, wenn euch die Menschen hassen und euch absondern und schelten euch und verwerfen euren Namen als einen bösen um des Menschensohnes willen. Freuet euch alsdann und frohlocket . . .« (Luk. 6, 22–23).

Die Freude am Herrn bedeutet, mit anderen Worten, wegzusehen von uns selber und aufzusehen auf Jesus. Jemand meinte etwas banal, das Geheimnis der Freude liege in den Buchstaben J A D: Jesus, Andere, Du.

Ich möchte besonders unterstreichen, daß das nicht etwas ist, zu dem wir uns emporarbeiten können, sondern der Herr muß es seinen Kindern selbst mitteilen. Es ist die Frucht des Geistes, die in dem neunfachen Bündel der Frucht von Galater 5, 22–23 zwischen der Liebe und dem Frieden eingebettet ist. Wir sollten uns von Jesus füllen lassen, und Freude wird so selbstverständlich in unserem Leben sein wie das Rauschen eines Baches, wenn er fließt. Diese Freude wird sich auch anderen Menschen mitteilen.

Wie es in unserem Text heißt, werden sie noch Gaben denen schikken, die nichts bereitet haben. Es gibt nichts Ansteckenderes als einen fröhlichen Christen. Seine Freude kann für ein trauriges, zerschlagenes Herz eine Wohltat sein. Die Freude ist auch das Geheimnis der Kraft an jedem Tag des Lebenskampfes.

> Jesu, meine Freude, meines Herzens Weide,
> Jesu, meine Zier,
> ach wie lang, ach lange ist dem Herzen bange
> und verlangt nach dir!
> Gottes Lamm, mein Bräutigam,
> außer dir soll mir auf Erden
> nichts sonst Liebers werden.

Der Weg zur Erweckung

Nehemia 9, 1–21; 10, 32–38

Die Tage, die dem Mauerbau Jerusalems folgten, waren wie der Himmel auf Erden. Alles ging gut voran. Es ist eine Tragik, daß die Segenserfahrung nur von kurzer Dauer war. Der Grund für den späteren Niedergang wird uns in den abschließenden Kapiteln des Nehemiabuches, mit denen wir uns noch befassen werden, mitgeteilt. Aber wir werden belohnt, wenn wir auf die großen Linien der Erweckung achten, die hier aufgezeigt werden. Vielleicht können wir auch aus diesem Bericht lernen, wie man Fallgruben vermeidet, in die dieses Volk hineinstolperte.

Gott ist heute noch derselbe, und er ist genauso eifrig darauf bedacht, uns die Fülle seines Segens zu geben. Er hält nicht willkürlich damit zurück, sondern wartet darauf, daß die, die ihn lieben, den Grundlinien folgen, wie wir sie in seinem Wort klar vorgezeichnet finden. Wenn wir um Erweckung beten, antwortet er vielleicht deshalb nicht, weil wir nicht dem Wort Gottes gemäß leben.

Ich unterscheide natürlich Erweckung sehr streng von Evangelisation. Obwohl sie oft miteinander verwechselt werden, sind sie beide sehr verschieden voneinander. Evangelisation bedeutet Rettung von Verlorenen, Erweckung aber wendet sich an Christen. Evangelisation ist die ständige Aufgabe der Gemeinde, Erweckung ist eine gnädige Ausgießung des Geistes Gottes.

Man kann ein bestimmtes Maß von Erfolg haben beim Evangelisieren ohne Erweckung. Aber ich glaube, daß echte Erweckung in der Gemeinde unvermeidlich zu großem Segen bei der Evangelisation führen wird.

Die Tatsache, daß die Frucht des evangelistischen Zeugnisses heute relativ gering ist im Vergleich zu dem Einsatz und den Geldaufwendungen, die damit verbunden sind, ist nicht unbedingt die Schuld des Evangelisten. Neubekehrte in tote Kirchen und Gemeinden aufzunehmen, obwohl viele von ihnen in der Lehre noch orthodox sind, bedeutet ein Dämpfen des Geistes Gottes und ein Erstarrenlassen der Frucht der Seelenrettung. Wir danken Gott für alle Großevangelisationen durch Billy Graham und andere; aber sie wären weit fruchtbarer, wenn es unter den Christen zu einer Erweckung käme und Tausende von Christen in unseren Kirchen und Gemeinden neubelebt würden.

Wir müssen ernsthaft zu Gott rufen und beten:

Geist vom Vater, taue, taue Segen auf die dürre Flur,
daß dein Liebeswirken preise die erquickte Kreatur.

Geist des Lebens, wehe, wehe mächtig übers Totenfeld.
Weck die Seelen aus dem Schlafe, die der Tod gebunden hält.

Geist des Lichtes, leuchte, leuchte, wo es dunkel ist und Nacht,
daß die Finsternis bald weiche und die Nacht zum Tag erwacht.

Geistesflamme, zünde, zünde heller hier dein Feuer an,
daß es alle Christenherzen wärmen, heil'gen, läutern kann.

Jesus Christus, höre, höre! Sprich dein Amen, wenn wir flehn:
Send' einmal in unsre Lande ein gewalt'ges Geisteswehn.

Während wir hier nach den Grundlagen eines solchen inneren Aufbruchs suchen, wie er uns in diesem Kapitel lebendig geschildert wird, müssen wir uns ganz offen fragen lassen, ob wir bereit sind, diese vier grundlegenden Dinge auch auf uns und unsere Gemeinden anwenden zu lassen.

Der innere Zerbruch

Zuerst muß es zu einem inneren Zerbruch kommen. Im 9. Kapitel in den Versen 1 und 2 hören wir davon. »Am vierundzwanzigsten Tage dieses Monats kamen die Kinder Israel zusammen mit Fasten und Säcken und Erde auf ihnen und sonderten den Samen Israels ab von allen fremden Kindern und traten hin und bekannten ihre Sünden und ihrer Väter Missetaten.«

Die Mauer war gebaut. Das Gesetz Gottes war ausgelegt worden. Wir lasen davon im vorigen Kapitel. Das Laubhüttenfest, das Erntedankfest der Juden, war zum erstenmal seit Josuas Tagen gefeiert worden. In Nehmia 8, Vers 17, heißt es: »Und es war eine sehr große Freude.«

Aber schon nach einigen Tagen trat an die Stelle des Feierns das Fasten. Aus Freude wurde Beugung. Sind wir darüber verwundert? Sollten nicht Feiern – das bedeutet Bruderschaft, Gemeinschaft, Freude am Herrn – und Fasten – das bedeutet Selbstverleugnung – bei uns Christen Hand in Hand gehen? Immer wieder muß sich beides neu ereignen, denn es gehört zusammen.

Sündenbekenntnis und Buße sollten im Christenleben nicht hintenan stehen, als gehörten sie nur an den Anfang unseres Glaubenslebens – ganz und gar nicht! Gerade das zerschlagene und demütige Herz verachtet Gott nicht. Nur den Stolzen kennt er von ferne. Wenn wir in unserem Leben als Christen uns nicht täglich vor Gott beugen, werden wir hartherzig, kalt und göttlichen Dingen gegenüber gleichgültig.

Gott wird nie den Samen neuen Lebens auf ein hartes, oberflächliches Herz säen. Er will nur da seinen Samen ausstreuen, wo die Sündenerkenntnis durch den Heiligen Geist inneren Zerbruch bewirkt hat, wo der Boden sowohl mit Tränen der Reue als auch mit Tränen der Freude getränkt wurde. Nach Tagen großer Freude am Herrn kommen Tage der Demütigungen für uns. Wie oft hat die wunderbare Entdeckung einer neuen Seite der Liebe unseres Herrn Jesus in uns die Entdeckung des eigenen verdorbenen Herzens bewirkt.

Christen verbannen solche Erfahrungen meist in die erste Zeit nach ihrer Bekehrung. Wie zart empfand unser Herz, als wir zum ersten Mal dem Herrn begegneten. Es ist nur allzu leicht möglich, daß wir im Druck des Alltags, des Berufs und der christlichen Aktivität die Gnade der Buße nur noch von der Erinnerung her kennen. Daß uns doch Gott neu unter seinen Willen beugen möchte. Daß wir uns doch darunter beugen möchten, im Miteinander der Brüder und Schwestern versagt zu haben. Gerade darin liegt eine neue Hinkehr zum Herrn und zu anderen Christen, und Gott wird uns gewiß darin segnen.

Wenn wir Erweckung wünschen, dann will ich es uns noch einmal sagen: Gott pflanzt den Samen seines neuen Lebens nur in ein Herz, das den Zerbruch in der Buße erlebt hat. Ein Grundmerkmal der Erweckung ist der Zerbruch des Herzens.

Nachsinnen über Gottes Güte

Ein zweites Merkmal der Erweckung ist in unserem Kapitel das Nachsinnen über die Güte Gottes. Praktisch ist das ganze 9. Kapitel des Nehemia dem Gebet gewidmet, das das Volk darbrachte. Welch ein Lobpreis und welch ein Bekenntnis der Sünde und des Versagens finden wir hier. Der Dank, daß Gott da ist, der Dank für seinen Bund mit Abraham, für seine Befreiung aus der Knechtschaft Ägyptens, für seine behutsame Führung in der Geschichte. Dennoch kam es immer wieder zu Sünde und Versagen. Und immer wieder folgte diesem Versagen eine neue Ausgießung der Gnade Gottes. Ich möchte uns empfehlen, daß wir dieses Gebet Stück für Stück betrachten.

Als das Volk anfing, die Segnungen einzeln aufzuzählen, merkte es, daß sie unzählbar waren. Beachten wir beispielsweise in den Versen 6 bis 16 die ständige Wiederholung des kleinen Bindewortes »und«, als das Volk über die Güte Gottes nachdenkt.

». . . du bist der Herr, Gott, der du Abraham erwählt hast
und ihn von Ur in Chaldäa ausgeführt
und Abraham genannt
und sein Herz treu vor dir gefunden
und einen Bund mit ihm gemacht . . .
und du hast angesehen das Elend unserer Väter in Ägypten
und ihr Schreien erhört am Schilfmeer
und Zeichen und Wunder getan an Pharao . . .
und du hast das Meer vor ihnen zerrissen . . .
und ihre Verfolger in die Tiefe geworfen . . .
und sie geführt des Tages in einer Wolkensäule
und des Nachts in einer Feuersäule . . .
und hast mit ihnen vom Himmel geredet . . .
und deinen heiligen Sabbat ihnen kundgetan . . .
und Wasser aus dem Felsen gehen lassen . . .
und ihnen geredet, sie sollten dahin gehen und das Land einnehmen . . .«

Welch eine ständige Wiederholung der Treue Gottes, der Güte Gottes, der Gnade Gottes und des Segens Gottes.

Dann wollen wir auf das Wort »aber« im 16. Vers achten. Trotz all seiner Güte war das Volk widerspenstig, eigenwillig und stolz.

»Aber unsere Väter wurden stolz . . . Aber du, mein Gott, vergabst und warst gnädig . . . Und ob sie wohl ein gegossenes Kalb machten . . . doch verließest du sie nicht in der Wüste nach deiner großen Barmherzigkeit . . .«

In den nächsten Versen wird uns berichtet, was Gott trotz all ihrer Auflehnung und Rebellion tat. »Und du gabst ihnen deinen guten Geist, sie zu unterweisen; und dein Manna wandtest du nicht von ihrem Munde . . .«

Und dann weiter in Vers 26: »Aber sie wurden ungehorsam . . . Darum gabst du sie in die Hand ihrer Feinde . . . Wenn sie aber zur Ruhe kamen, taten sie wieder übel vor dir . . . So schrien sie dann wieder zu dir, und du erhörtest sie vom Himmel . . . Und du ließest ihnen bezeugen, daß sie sich bekehren sollten zu deinem Gesetz; aber sie waren stolz und gehorchten deinen Geboten nicht . . .« (9, 26–29).

»Und du verzogst viele Jahre über ihnen und ließest ihnen bezeugen durch deinen Geist in deinen Propheten; aber sie nahmen's nicht zu Ohren. Darum hast du sie gegeben in die Hand der Völker in den Ländern. Aber nach deiner großen Barmherzigkeit hast du es nicht gar aus mit ihnen gemacht noch sie verlassen; denn du bist ein gnädiger und barmherziger Gott. Nun, unser Gott, du großer Gott, mächtig und schrecklich . . . achte nicht gering alle die Mühsal, die uns getroffen hat . . .« (9, 30–32).

Ist das nicht die Geschichte von der Gnade und Güte Gottes bei uns allen? Ist es nicht die Geschichte unserer Gleichgültigkeit, unserer Auflehnung, unserer Kälte gegenüber Gott? Gott war ihnen damals fern, uns ist er so nah. Er wohnt in uns. Wir haben noch weniger Entschuldigungen als die Leute damals.

Wir sollten uns einmal Zeit nehmen, um über die Güte Gottes nachzudenken. Im 3. Vers des 9. Kapitels wird uns berichtet, daß sie drei Stunden unter dem Wort Gottes und drei Stunden in Bitte und Anbetung zubrachten, um ihr Herz vor Gott erforschen zu lassen, und drei Stunden in der Anbetung. Der Geist des Gebetes braucht Zeit, um die Menschen zu durchdringen.

Nehmen wir an, daß wir einen Tag so zubringen könnten; einen Tag die Arbeit niederlegen, um dem Herrn damit zu zeigen, daß die

Gemeinschaft mit ihm uns wichtiger ist als alles andere in der Welt. Stellen wir uns vor, wir nähmen uns Zeit, um über die Güte Gottes in unserem Leben nachzudenken, die vergangenen Meilensteine seiner Führung und den Weg, auf dem er uns leitete. Welch ein Segen würde nur durch das Nachdenken über uns kommen! Ich glaube, wir kämen zu dem Schluß, daß Gottes Geduld mit seinen Heiligen genauso groß oder vielleicht noch größer ist als sein Erbarmen mit den Sündern. Ein Merkmal der Erweckung ist, daß wir uns Zeit nehmen, über Gottes Güte, über seine Führung in unserem Leben in den vergangenen Jahren nachzudenken. Haben wir das in der letzten Zeit schon einmal getan?

> »Gott ist gegenwärtig. Lasset uns anbeten
> und in Ehrfurcht vor ihn treten!«

Es steht mir nicht zu, diese Frage an uns zu richten. Aber ich bete, daß es der Heilige Geist tut. Wie lange ist es her, daß wir eine ganze Stunde allein mit dem Herrn zubrachten?

Erkenntnis der eigenen Sündhaftigkeit

Das dritte Merkmal der Erweckung ist die Erkenntnis unserer eigenen Sündhaftigkeit. Im 33. Vers des 9. Kapitels lesen wir: »Du bist gerecht in allem, was du über uns gebracht hast; denn du hast recht getan, wir aber sind gottlos gewesen.«

Obwohl sie wieder in ihrem Land in Jerusalem waren, waren sie doch nur in einem sogenannten Satellitenstaat. Sie standen unter der harten Herrschaft Persiens und waren seine Untertanen und Knechte, wie es im 36. Vers heißt: »Siehe, wir sind heutigentages Knechte.« Dieses Volk, das frei und befreit sein sollte, mußte sagen: »Wir sind heute Knechte, weil wir ein solches Leben geführt haben.«

Es ist ein ungemein wichtiger Augenblick im Leben eines Christen, wenn er aufrichtig zu Gott aufschauen und sagen kann: »Ja, Herr, du hast recht, und ich habe unrecht.« Wenn er nicht länger mit Gott hadert und seinen Widerspruch aufgibt. Wenn er sagt: »Ja, Herr, ich habe das in meinem Leben bekommen, was ich verdient habe. Du hast recht, ich aber habe unrecht.« Das ist das Ziel, auf das hin Gott seit unserer Bekehrung gearbeitet hat.

Ich glaube, daß Gott schneller bereit ist, die Sünde seines Volkes zu vergeben, als eine Mutter ihr kleines Kind aus dem Feuer reißen kann. Aber die Sünde, die Gott niemals vergibt, ist die Sünde, die wir nicht bekennen wollen. Gerade das hält die Erweckung auf.

Menschen fragen mich häufig: »Herr Pfarrer, welches ist die Sünde, die nicht vergeben werden kann?«

Ich habe nur eine Antwort: »Die Sie nicht bekennen wollen!«

Wir können vielleicht fünfundzwanzig Jahre dahingehen lassen und sie immer wieder verbergen, und wir lehnen es ab, unsere Sündhaftigkeit zuzugeben. Es ist in keiner Gemeinschaft eine Erweckung möglich, ohne daß dieser Preis gezahlt wird. Offenbare Sünde gegen die Gläubigen muß auch offen bekannt werden. Haben wir uns gegen einen Bruder oder eine Schwester versündigt, müssen wir das auch vor dem Bruder oder der Schwester bekennen. Haben wir uns an Gott versündigt, dann müssen wir das vor ihm bekennen. Denn alle Sünde richtet sich gegen Gott.

Aufsehen zu Gott und sagen: »Herr Jesus, in dem Kampf, den wir kämpften, hattest du recht. Ich muß eingestehen, daß ich im Unrecht war.« Das ist das Ende allen Widerstandes und der Beginn der Erweckung.

Vor einiger Zeit beteten wir in unserer Gemeinde die ganze Nacht hindurch. Dabei nahm ich mir eine Liste vor, die ich »Spiegel zur Selbstprüfung« nannte, weil es mir in meinem Leben sehr ernst ist um all diese Fragen. Ich möchte die Liste an uns weitergeben, damit wir nicht denken, Sündenerkenntnis sei eine bequeme und leichte Sache.

Mein Verhältnis zu anderen Menschen

Schaffe ich bewußt oder unbewußt den Eindruck, daß ich besser bin als in Wirklichkeit? Besteht der geringste Verdacht auf Heuchelei? Bin ich aufrichtig in allen meinen Worten und Taten? Übertreibe ich?

Bin ich zuverlässig? Kann man mir vertrauen? Erzähle ich das »vertraulich« weiter, was mir im Vertrauen gesagt wurde? Murre ich und beklage ich mich über meine Gemeinde?

Bin ich eifersüchtig, unrein, gereizt, empfindlich, mißtrauisch? Bin ich selbstbewußt, von Selbstmitleid geplagt oder selbstgerecht? Bin ich stolz? Danke ich Gott, daß ich nicht so bin wie die anderen Leute? Fürchte ich jemanden, oder ist mir jemand unsympatisch? Wenn das so ist, was will ich tun?

Mein persönliches Verhältnis zum Herrn

Lebt die Bibel in mir? Nehme ich mir Zeit, daß sie zu mir reden kann? Gehe ich rechtzeitig ins Bett und stehe ich rechtzeitig wieder auf? Habe ich heute Freude am Gebet? Habe ich heute morgen gebetet? Wenn ein Problem auftaucht, rede ich dann darüber oder gehe ich auf meine Knie?

Bin ich Gott in irgendeinem Punkt ungehorsam, oder will ich unbedingt etwas tun, worüber mein Gewissen beunruhigt ist? Wann habe ich das letzte Mal mit jemanden gesprochen mit dem Ziel, ihn für Christus zu gewinnen?

Bin ich ein Sklave von Büchern, Kleidern, Freunden, Arbeit oder Gewohnheiten? Wie verbringe ich meine freie Zeit?

Ich stelle mir diese Fragen immer wieder, und ich meine, daß unser Herz dadurch erforscht wird. Haben wir erst vor kurzem über Sündenerkenntnis nachgedacht? Das ist der Preis der Erweckung!

Erneuerung des Gehorsams

Das andere Merkmal, das hier für uns aufgezeigt ist, ist die Erneuerung unseres Gehorsams. Das 10. Kapitel spricht von einem Bund, den das Volk mit Gott machte. Die Tatsache, daß sie ihn bald brachen, sollte uns nicht entmutigen und davon abbringen, selbst einen solch heiligen Bund zu schließen. Im Alten Testament war der Gehorsam durch das Gesetz befohlen. Bei uns sollte er durch die Liebe bewirkt werden. Der Gehorsam des Volkes Gottes berührt jeden Lebensbereich, unser Familienleben, unser gesellschaftliches Leben und unser Leben in der Gemeinde.

Erweckung ist nicht einfach eine gehobene Gemütsstimmung, sondern sie führt zur Tat. Sie läßt die Liebe in den Herzen aufblühen, sie läßt den Strom Gottes ins dürre Land fließen und bringt die Wüste zum Blühen.

»Sie hielten sich zu ihren Brüdern, den Mächtigen, und kamen, daß sie schwuren und sich mit einem Eide verpflichteten, zu wandeln im Gesetz Gottes, das durch Mose, den Knecht Gottes, gegeben ist, daß sie es hielten und tun wollten nach allen Geboten, Rechten und Sitten des Herrn, unseres Herrschers.« – Eine Erneuerung des Gehorsams haben wir hier! – »Und daß wir den Völkern im Lande unsere Töchter nicht geben noch ihre Töchter unseren Söhnen nehmen wollten« (10, 29–30).

Das heißt, sie stellten den Familienaltar, der zerbrochen war, wieder her. Wie viele Altäre müßten wieder dringend aufgebaut werden? Erweckung beginnt genau da. Wenn ich den Altar des Herrn erneuere, wieder Ordnung in meiner Familie zu Hause schaffe, das geistliche Leben mit meiner Frau und den Kindern neu beginne, dann ehre ich damit Gott.

Erweckung berührt das gesellschaftliche Leben genauso wie das häusliche. Sie brachte eine klare Trennung in bezug auf die Freundschaften. Der Wille Gottes stand an erster Stelle, und alles andere war zweitrangig. Beachtet das unsere junge Generation heute auch oder steht sie in Gefahr, am fremden Joch mit den Ungläubigen zu ziehen?

Treue im Geben

Erweckung berührt schließlich das Leben in der Gemeinde (V. 39). Wie herrlich schließt dieses Kapitel: »Wir wollen das Haus unseres Gottes nicht verlassen.« Damit meint Nehemia zwei Dinge, die er in diesem Kapitel behandelt. Er räumt der Treue im Geben einen besonderen Platz ein. Nach dem Gesetz des Mose mußten sie immer die Erstlingsfrüchte von allem dem Herrn bringen. Trotz der schweren Steuerlast erinnerte Nehemia sie daran, dem Herrn die Erstlingsgaben zu geben. Um es mit Jesus im Neuen Testament zu sagen, sollten sie »dem Kaiser geben, was des Kaisers ist, und Gott, was Gottes ist« (Matth. 22, 21). Die Treue im Geben hat großen Anteil an der Erweckung.

Treue im Gottesdienstbesuch

Und dann betont Nehemia die Treue im Gottesdienstbesuch. »Wir wollen das Haus unseres Gottes nicht verlassen.« Wahrscheinlich bedeutete das nicht, daß wir nicht auch einmal fehlen könnten, sondern daß wir das Haus Gottes nicht vernachlässigen. Treue im Geben wird begleitet von der Treue im Gottesdienstbesuch. Unser Gottesdienstbesuch tut Gott keinen Gefallen, aber wir berauben ihn seines Anspruchs, wenn wir es versäumen, uns mit allen Gläubigen im Gottesdienst zu versammeln. Fehlen wir trotzdem, brauchen wir uns nicht zu wundern, wenn es geistlich dürr und mager bei uns wird. Und wenn wir geistlich abnehmen, bedeutet das das Ende unserer Brauchbarkeit im Dienst.

Wie können wir Erweckung bekommen? Wir brauchen nicht mit irgendwelchen außergewöhnlichen Eingriffen des Himmels zu rechnen. Charles G. Finney, den ich sehr bewundere, sagt, daß Erweckung durch den Gebrauch sehr klar zu umreißender Mittel geschieht; und ich bin überzeugt, daß er recht hat.

Gottes klar abgegrenzte Mittel sind folgende: Der Zerbruch des Herzens (ein weicher Herzensboden, in den er den Samen seines Geistes streuen kann); das Nachdenken über die Treue Gottes (wir müssen uns Zeit zur Meditation nehmen); die Erkenntnis unserer Sündhaftigkeit (eine ehrliche Selbstprüfung); die Erneuerung unseres Gehorsams (Umsetzung der Erweckung in die Tat).

Möge Gott sein Wort an unseren Herzen segnen und uns die Erfahrung einer Erweckung schenken.

Strategie und Hingabe

Nehemia 11, 1. 2. 20–23; 12, 27–30. 43

Die Tatsache, daß nicht mehr als Fünfzigtausend aus dem Volke Gottes aus der Gefangenschaft in Persien zurückgekehrt waren und zu Nehemias Zeiten in Jerusalem wohnten, ließ die Vermutung zu, daß sie Angriffen ausgesetzt waren. Zahlenmäßig waren sie im Nachteil, und sie mußten sehr schnell lernen, daß es im geistlichen Kampf »nicht durch Heer oder Kraft, sondern durch meinen Geist geschehen soll, spricht der Herr der Heerscharen«.

Es ist die Aufgabe für eine einsichtige Regierung, dafür zu sorgen, daß jeder ordnungsgemäß an seine ihm zugedachte Aufgabe gestellt wird, und daß die Mannschaften in bester Besetzung sind. Wenn wir diese beiden Kapitel des Nehemiabuches unter diesem Gesichtspunkt betrachten, erkennen wir, daß drei Worte die Situation hier zusammenfassend deutlich machen und die Strategie dieses geistlichen Führers offenlegen und enthüllen.

Stellenbesetzung

Das erste Wort heißt »Stellenbesetzung«. Es war besonders wichtig, daß die Feste Jerusalems von den besten Kämpfern besetzt war, und deshalb wurden starke, mächtige Männer ausgesucht, die in dieser Stadt leben sollten. Es wurde ausgemacht, daß die Obersten und zehn Prozent der Bevölkerung, die durch das Los ausgewählt wurden, ihren Wohnsitz dort nehmen sollten. Hier treten Grundlagen zutage, die wir alle kennen müssen und die wir für unseren eigenen Dienst im Reich Gottes anwenden sollten. Ich glaube, daß das Geheimnis in den Worten des Paulus an die Gemeinde in Ephesus liegt: »Einem jeglichen unter uns ist gegeben die Gnade nach dem Maß der Gabe Christi« (Eph. 4, 7).

Es gibt gewisse strategische Stellungen, die unter allen Umständen, koste es, was es wolle, gehalten werden müssen. Dazu braucht man Menschen, die sich in Tapferkeit bewährt haben. Aber sie müssen durch andere unterstützt werden, die auf ihrem Platz froh den Willen Gottes tun. Gott gibt uns immer Gnade für den Dienst, den wir unter seiner Führung tun. Manchmal denke ich, daß die Unzufriedenheit im Reich Gottes daher rührt, daß viele Christen ihre Zeit damit zubringen, die anderen um ihre Gaben und den ihnen zugewiesenen Dienstplatz zu beneiden, anstatt fröhlich an der Arbeit zu stehen, die ihnen vom Herrn aufgetragen wurde.

Jeder Christ ist dem Angriff des Feindes im Dienste des Herrn ausgesetzt, besonders dann, wenn er nach dem Willen Gottes handelt. Ich erinnere mich, daß ich vor Jahren betete: »Herr Jesus, stell mich bitte nicht an einen Platz in deinem Dienst, an dem Satan kein Interesse hat; denn wenn ihm der Dienstplatz gleichgültig ist, kann es nicht der Wille Gottes sein, daß ich ihm dort diene.« Dieses Gebet wurde hundertfach erhört, sehr viel mehr, als ich erwartet hatte.

Dennoch machen wir die Erfahrung, daß durch die Gnade Gottes die mühevolle Arbeit zur Freude wird. Ist es uns auch schon so ergangen? Oder sind wir sehr schnell entmutigt worden? Hat uns die Last so beschwert und verängstigt, daß wir nicht mehr anders konnten, als alles liegenzulassen? Ist der Dienst für uns eine harte, schwere Plage oder erleben wir die geistliche Kraftzufuhr, daß Gott für jede Last auch neue Gnade gibt und für jede härtere Prüfung vermehrten Frieden?

Ja, wir wollen die Stellung an dem Frontabschnitt halten, zu dem Gott uns berufen hat, und wir werden ihm froh dienen unter seiner Führung. Darin liegt das Geheimnis der Zufriedenheit im Dienst für den Herrn. Und diese Erfahrung führt dazu, daß die Tragkraft im Reich Gottes zunimmt.

Abordnung

Das zweite Wort, das wir in diesem Kapitel behandeln, ist das Wort »Abordnung«. Jeder hatte eine bestimmte Aufgabe, und um jeden wurde sich gekümmert.

In Nehemia 11, 22–23 lesen wir, daß Sänger den Dienst im Hause Gottes taten, und der König achtete darauf, daß ihnen an jedem Tag ihr Anteil ausbezahlt wurde. Diese Leute kamen sich manchmal überflüssig vor, da sie nichts zum kommunalen Leben beitrugen. Sie sangen ja »nur« zum Lobe Gottes. Aber in Wirklichkeit erfüllten sie eine sehr wichtige Aufgabe. Sie ermutigten zum Lobe Gottes durch ihren Dienst in der ganzen Gemeinde.

Vielleicht haben wir auch manchmal das Gefühl, daß wir auf der Schattenseite des Lebens stehen und unser Tun nichts einbringt. Es scheint so, als hätten wir keine besonderen Gaben oder keine Möglichkeit, dem Herrn zu dienen. Vielleicht stehen wir schon seit längerer Zeit im Abseits und kommen uns vor wie auf dem Abstellgleis.

Vor einigen Jahren predigte ich in einer kleinen Kirche südlich von London. Ich wurde gebeten, eine junge Frau zu besuchen, die seit neun Jahren völlig gelähmt war. Bis zu ihrem einundzwanzigsten Lebensjahr hatte sie sich in der Gemeinde aktiv beteiligt und Sonntagsschule gehalten. Gott schien ihren Dienst in reichem Maß zu segnen. Aber plötzlich wurde sie von einer schweren Krankheit befallen, und seit dieser Zeit konnte sie sich nicht mehr bewegen.

Ich freute mich, sie zu besuchen. Aber als ich die Straße zu ihrem Haus entlangging, fragte ich mich: »Was soll ich nur dieser jungen Frau sagen? Ich habe noch nie jemanden so schwer leiden sehen.« Es schien mir, als müßte ich erst einiges über die Erfahrungen wissen, die der andere durchlebt hat, bevor ich ihn richtig trösten könnte.

So bat ich den Herrn, daß er mir ein Wort schenken möchte, durch das die Kranke gesegnet würde. Ich klopfte an die Tür, ihre Mutter öffnete und führte mich ins Krankenzimmer. Da lag die junge Frau völlig hilflos auf dem Rücken. Ich trat näher ans Bett und sprach ein paar mitfühlende Worte zu ihr. Sie schaute mich an, und ich werde nie den Blick in ihrem Gesicht vergessen, als sie sagte: »Sie brauchen mich nicht zu bemitleiden. Ich möchte um alles in der Welt nicht die Erfahrungen missen, die ich in den letzten neun Jahren gemacht habe.

Als ich einundzwanzig Jahre war und dem Herrn in der Gemeinde diente, übergab ich dem Herrn mein Leben ganz und stellte es ihm zur Verfügung und sagte: ›Herr, ich bin bereit, alles zu tun, was du mir aufträgst.‹ Nur ein paar Wochen später rührte mich seine Hand an und nahm mich beiseite. Während der letzten Jahre ist mir Jesus so unsagbar kostbar geworden. Diese Erfahrung hätte ich nie im geschäftigen Treiben des Dienstes für den Herrn machen können.«

Während ich ihr zuhörte, fühlte ich mich so unwürdig, und ich fragte mich, wie viel ich um Jesu willen gelitten hatte. Hier war eine junge Frau, die zwar nicht im Rampenlicht der Öffentlichkeit stand, die aber durch ihre Krankheit auch nicht auf ein Abstellgleis geschoben war, sondern in die Stille geführt war. Der Herr hatte sie in den neun Jahren ganz nah zu sich gezogen, und sie war ihm ganz nahe gekommen. Ich entdeckte, daß sie eine lange Gebetsliste führte, und jeden Tag verbrachte sie Stunden im Gebet für Missionare, Prediger und Lehrer des Wortes Gottes. Sie setzte mich auch an diesem Tag auf ihre Gebetsliste. Die Ewigkeit allein wird es einmal offenbaren, wieviel ich als Prediger des Evangeliums dieser Frau, die so hilflos und verkrüppelt war, zu verdanken habe. Dies ist nur ein Beispiel von tausenden, in denen der Herr das Leiden und die Gebrechen zuließ, damit aus diesem Leben bleibende, gute Frucht entstünde und andere dadurch neuen Mut gewönnen.

Ich glaube, der König aller Könige hat ganz besondere Führungen für solche Menschen bereit, weil sie in einem gesegneten und vollmächtigen Dienst stehen. Abgeordnete für einen besonders hohen und wertvollen Auftrag, der uns aber auch viel abverlangt. Würden wir uns mit einer solchen Wegführung einverstanden erklären? Stellen wir uns einmal vor, alle Arbeit im Reich Gottes würde uns abgenommen, unsere Gesundheit und Kraft würde schwinden, und wir würden auf diese Weise beiseitegestellt. Wären wir dann darüber bitter, oder könnten wir so etwas aus der Hand unseres Herrn nehmen?

Am Tag, an dem wir unsern Herrn von Angesicht zu Angesicht sehen, wird es manche große Überraschungen geben. Viele von uns, die im Reich Gottes in führenden Positionen standen, werden dann nicht mehr so prominent sein. Viele, die auf der Schattenseite des Lebens einsam und ohne Anerkennung lebten und deren Dienst nie recht wahrgenommen oder gelobt wurde, werden zu denen gehören, die zuerst des Herrn Stimme hören werden: »Das hast du recht gemacht.«

Wir wollen daran festhalten, daß der verborgenste Dienst für den König aller Könige, wenn er nach dem Willen Gottes geschieht, genauso wichtig ist, wie der Dienst, der vor aller Augen getan ist. Es soll kein Streit noch Neid noch Verachtung noch böser Wille zwischen denen aufkommen, die tapfer die Schlüsselstellung halten, und denen, die unbeachtet, unerkannt kleinere Dienste tun. Beide sind nötig, beide sind nützlich, beide sind voneinander abhängig und keiner ist entbehrlich.

Hingabe

Das Geheimnis eines sieghaften Dienstes hängt auch noch vom dritten Wort ab, das wir in diesem Kapitel finden. Es ist das Wort »Hingabe«.

Hier haben wir eine fröhliche Begebenheit vor uns, so fröhlich, daß man es bis weit außerhalb Jerusalems hören konnte (V. 43). Obgleich die Zahl der Leute, die in das Land zurückgekehrt waren, klein war, haben sie doch erkannt, daß es auf unser Verhältnis zum Herrn entscheidend ankommt.

Die Freude am Tag der Einweihung der Mauer war die Freude am Herrn. Ein großer Teil vom Glanz früherer Jahre war dahin. Aber auf der völligen Hingabe an Gottes Willen und der Bereitschaft, ihm ganz zur Verfügung zu stehen, lag größerer Glanz. Das machte sie mächtiger als je zuvor. Die Mauer war unter viel Angst und Zittern gebaut worden. Ihre Einweihung aber gab Anlaß zu großer, sieghafter Freude. Ist es nicht so, wie es der Psalmist sagt: »Die mit Tränen säen, werden mit Freuden ernten«?

Es war ein Tag großer Dankbarkeit Gott gegenüber, daß er ihnen Gnade gegeben hatte, die Aufgabe zu vollbringen. Es war ein Tag, an dem sie die Stadt und sich selbst Gott und seiner Ehre weihten. An erster Stelle standen der Ruhm und die Ehre Gottes. Dann erst folgte alles, was für ihr Leben wichtig und nötig war. Sie stellten die Stadt und ihre Mauer unter den Schutz Gottes; denn ihnen war klar, daß alles vergeblich gebaut wäre, wenn nicht der Herr sie bewahrt hätte.

Dieser heilige und gesegnete Tag der Einweihung berührte jedes Herz. In Nehemia 12, 30 wird uns gesagt, daß sie sich reinigten. Die Freude war nicht oberflächlich.

Zu jeder Arbeit im Reich Gottes, die durch unsere Hände geht, sollte der Herr uns reine Hände und Herzen geben. Diejenigen von uns, die im Dienst des Herrn andere segnen sollen, müssen sich selbst heiligen und von Gott beschlagnahmen lassen.

Es wurde aber an diesem Tag nicht nur ihr Herz berührt, sondern auch ihr Geldbeutel. Sie trafen sorgfältige Vorbereitungen, um den Zehnten und das Opfer einzusammeln.

Zur Strategie im Kampf kam die Übergabe ihres Lebens. Beides erforderte ihren ganzen Einsatz. Ich meine, daß das vielfach in unseren christlichen Kreisen fehlt. Unsere Strategie wird nicht göttlich geplant, und unsere Auslieferung an den Herrn ist nicht völlig. Ich möchte noch einmal an die drei Worte erinnern: Stellenbesetzung, Abordnung und Hingabe. Zwischen ihnen besteht eine tiefe Beziehung.

Dem Herrn froh nach seinem Willen zu dienen, die Gleichwertigkeit der Aufgaben in seinem Dienst erkennen, fordern eine ganze Hingabe. Aber in ihnen liegen nicht die Kräfte, die zu einem geweihten Leben führen. Die Gründe für eine völlige Hingabe liegen tiefer. Die Auslieferung an den Herrn geschah bei diesen Menschen durch die Erweise der Barmherzigkeit Gottes. Ist es nicht so, daß in unserem Leben die Motive für eine Ganzhingabe genau da zu suchen sind? Der Apostel Paulus sagt: »Ich ermahne euch nun, liebe Brüder, durch die Barmherzigkeit Gottes, daß ihr eure Leiber begebet zum Opfer, das da lebendig, heilig und Gott wohlgefällig sei, welches sei euer vernünftiger Gottesdienst« (Röm. 12, 1).

Die Barmherzigkeit Gottes, das ist unser Motiv. Ich möchte ein Beispiel über die Barmherzigkeit Gottes bringen. In diesem Kapitel finden wir den Namen eines Mannes oft erwähnt, der alles in seinem Leben der Barmherzigkeit Gottes verdankte. Nicht weniger als fünfmal kommt der Name »David« vor. Wie ist doch sein Einfluß auch bei ihnen lebendig geblieben! Trotz seiner Sünde wird er als Mann Gottes bezeichnet. Und er war es ja auch. Möchten wir auch Menschen Gottes sein? Dann müssen wir handeln wie David und alles Gott übergeben. Der Herr sagte von ihm: »Ich habe gefunden David, den Sohn Jesses, einen Mann nach meinem Herzen, der soll tun allen meinen Willen« (Apg. 13, 22).

Seine Hingabe war völlig. Wie steht es mit uns? Ich habe Angst, daß viele ein Leben führen, das nur halb dem Herrn geweiht ist. Hier und da wird einmal etwas dem Herrn ausgeliefert, aber nie das ganze Leben. David übergab sich völlig dem Herrn. So wurde er ein Mann nach dem Herzen Gottes.

Wenn wir auf die Barmherzigkeit Gottes in unserem Leben zurückblicken, sollten wir da nicht die Zeit nutzen und uns rückhaltlos dem Herrn zur Verfügung stellen?

Hingabe bedeutet nicht einfach alles auszuliefern, sondern alles zu nehmen. Jemand hat gesagt: Nicht das, was wir Jesus geben, sondern das, was wir von ihm nehmen, macht uns stark und sieghaft Tag für Tag. Das ist Gottes Ziel mit uns, daß wir entdecken: In Jesus wohnt die Fülle der Gottheit leibhaftig; daß wir wissen: In ihm sind wir vollendet, und wir brauchen nichts mehr für unseren Charakter und für unser Leben, das wir nicht in ihm finden. Er hält für jeden von uns alles bereit.

Die Tragik in unserem Leben ist, daß wir so wenig nehmen. Wenn es in unserem Tun für den Herrn so arm und elend zugeht, brauchen wir niemanden sonst anzuklagen, nur uns selbst. Es ist etwas Großes, wenn uns das für unseren Dienst im Reich Gottes aufgeht. Es ist nicht nur eine Frage, ob wir uns Gott völlig ausliefern, sondern ob wir alles von ihm nehmen.

Wir müssen erkennen, daß wir zu treuen Haushaltern gerufen sind, um alles, was wir haben, in seinen Dienst zu stellen. Das ist das höchste und letzte Ziel in all unserer Hingabe, damit sein Ruhm offenbar werde und er im Leben oder im Sterben in uns verherrlicht werde.

Ich ein Haushalter und kein Besitzer all der Güter, die mir anvertraut sind.

Wie würde Gott als der Geber alles einteilen? So frage ich mich jeden Morgen, jeden Mittag, jeden Abend, wenn ich seine große Güte mit immer neuer Freude ansehe.

Haushalter und nicht Besitzer all der Zeit, die mir geliehen. Wie würden meine Jahre zugebracht, wenn er der Hüter meines Lebens wäre? So frage ich mich jede Stunde, die ich auf meinem Pilgerpfad wandere.

»Ich bin in Staunen versunken über seine Gnade Tag um Tag. Haushalter und nicht Besitzer auch meines eigenen Lebens. Klarer und kostbarer wird mir seine Wahrheit Jahr um Jahr. Möchte ich behutsam und demütig meinen Lebensweg gehen, Haupt und Herz in Ehrfurcht gebeugt, daß ich nicht eines Tages mit Zittern und Klagen Rechenschaft muß geben von meiner Haushalterschaft.«

Strickland Gillilan

Haushalterschaft und Hingabe haben es nicht mit materiellen Dingen zu tun, sie betreffen vielmehr unser völliges Ausgeliefertsein an Gott. Da liegt der Schlüssel zu einer geistlichen Strategie und das Geheimnis für den Dienst des Herrn in völliger Hingabe. Um es sehr praktisch zu sagen: Es gibt vier Bereiche, in denen eine solche Hingabe spürbar sein sollte.

Der erste Bereich ist unser Heim, das ein Ort herzlicher und liebevoller Begegnungen sein sollte, weil wir ein an Gott hingegebenes Leben führen. Es sollte mehr als nur ein Hotelbetrieb sein, sondern eine Stätte, in der der Geist der Hingabe sich in liebevoller Gemeinschaft ausdrückt.

Der zweite Bereich ist unser Arbeitsplatz. Wenn wir Christen sind, die sich alle ihrem Herrn unterstellt haben, dann ist unsere Arbeit kein Job, sondern wir werden uns bewußt, daß wir darin dem Herrn dienen. Es ist gleichwertig, ob wir dem Herrn auf dem Missionsfeld dienen, oder aber unter seinem Willen Schreibmaschine schreiben. Wir werden dann im Dienst für ihn an der Maschine sitzen und nicht die Augen auf die Uhr richten. Wir fühlen uns zu dieser Aufgabe genauso berufen wie andere zum Predigen, und unser Arbeitgeber wäre froh, wenn seine ganze Belegschaft Christen wären.

Der dritte Bereich ist unser Land; denn ein bewußter Christ wird erkennen, daß er eine Verpflichtung gegenüber dem Staat hat. Es müßte eine neue Leidenschaft für die soziale Gerechtigkeit entbrennen so wie in den Tagen der Propheten. Zu oft, besonders in Kreisen entschieden bibeltreuer Christen, haben wir Angst vor dem, was wir »soziales Evangelium« oder die gesellschaftlichen Auswirkungen des Evangeliums nennen. Tatsache ist, daß die Botschaft Jesu Christi jeden Bereich unseres Lebens durchdringen sollte. Die christliche Gemeinde sollte heute christliche Lehrer, christliche Staatsmänner, christliche Rechtsanwälte hervorbringen. In jedem Bereich des Lebens müssen Männer zu finden sein, die ihren Gott kennen und die mutig sind, für ihn etwas zu wagen.

Der vierte Bereich ist unsere Gemeinde. Es ist meine tiefste Überzeugung, daß jeder Christ, der nicht Glied einer örtlichen Gemeinde ist, nicht nach dem Willen Gottes handelt. Nur in der Ortsgemeinde kann er die völlige Hingabe an Gott zum Ausdruck bringen. Die Gemeinde braucht dringend die Rückendeckung durch das Gebet eines jeden Mitglieds, den regelmäßigen Gottesdienstbesuch und die Opfergabe eines jeden Gotteskindes. Umfaßt diese Strategie und die völlige Hingabe jeden Bereich unseres Lebens? Das ist meine Frage. Gibt es noch Bereiche, in denen Jesus nicht Herr und Herrscher ist, über die er keine Verfügungsgewalt hat? Daß doch die Erkenntnis aller seiner Barmherzigkeit die völlige Hingabe bewirkte!

»Dir zur Verfügung, mein Gott und mein Herr,
dir zur Verfügung, je länger, je mehr,
dir zur Verfügung in Freud und in Leid,
täglich und stündlich für Jesus bereit.«

Das große Finale

Nehemia 13, 1–9

In Übereinstimmung mit dem persischen König war Nehemia wieder an den Hof zurückgekehrt, nachdem der Mauerbau fertiggestellt war. Zwölf Jahre später bat er erneut um Erlaubnis und kehrte nach Jerusalem zurück. Das letzte Kapitel dieses erstaunlichen Berichtes im Wort Gottes offenbart uns die unentwegte Treue des Nehemia seinem Gott gegenüber bis zu seinem Ende.

»Und ich kam nach Jerusalem, und ich erkannte . . .« (Vers 7). Diese wenigen Worte sind der Schlüssel für die geistliche Ausrichtung dieses Mannes. Er kam nach Jerusalem, dem Ort, von dem alle göttliche Strategie in dieser Welt ausgehen sollte, dem Zentrum des Handelns Gottes, der heiligen Stadt. Dort erkannte er, ja er sah förmlich Gottes Auftrag für sein Volk. Ihm wurde offenbar, daß es die Absicht Gottes war, die Menge durch einige wenige zu erreichen, daß es Gott nie mit Massen zu tun hat, sondern mit einzelnen, die seine Kanäle sind, und diese Kanäle müssen klar und rein sein.

Nehemia war der letzte Geschichtsschreiber zur Zeit des Alten Testamentes. Es dauerte nur noch 400 Jahre, bis der Messias kommen sollte. Er wußte, es war Gottes Absicht, daß sein Volk Gottes Aufträge in dieser Welt ausführen sollte. Er erkannte auch das Versagen des Volkes. Dieses Kapitel erzählt uns die tragische Geschichte von dem, was geschehen war.

Wir erinnern uns daran, daß das Volk in einer großen Versammlung zusammengekommen war, um Gott anzubeten. Sie hatten einen Bund mit dem Herrn gemacht. Es schien, als würde der Segen bei ihnen wohnen. Aber nein, dieselben Sünden, die ihr nationales Leben vor der Gefangenschaft zerstört hatte, waren wieder über sie gekommen und hatten sie zu Fall gebracht.

Gefährliche Sünden

Welche Sünden waren das? Wir haben es hier mit drei Arten zu tun.

Erstens die Vermischung mit anderen Völkern – es fehlte an heiliger Absonderung. Zweitens Entheiligung des Sabbattages – es fehlte an der Treue zum Gottesdienst. Drittens Eheschließungen mit Heiden – es fehlte an praktischer Heiligung.

Als Nehemia nach Jerusalem zurückkehrte, wurden alle diese Dinge praktiziert. Tobia, der Ammoniter, ihr erbitterter Feind, der sie ständig beim Mauerbau bedrängt hatte, hatte sich im Vorhof des Hauses Gottes niedergelassen, derselbe Mann, dem Nehemia gesagt hatte, daß er kein Recht noch irgendeinen Besitzanspruch in Jerusalem habe.

Außerdem wurden am Tage des Herrn alle Arten von Geschäften abgewickelt, es herrschte ein munteres Treiben; aber es kommt noch schlimmer. Einer der Söhne der Priester hatte die Tocher Saneballats geheiratet. In der Hölle gab es Triumphgeschrei. Wieder einmal hatte sich der Feind in Jerusalem festgesetzt.

Heiliges Handeln

Doch als Nehemia wieder auf der Bildfläche erschien, wurde es anders. Die Möbel des Tobias wurden auf die Straße geworfen, und ihm erging es ähnlich.

Die Tore der Stadt wurden am Abend vor dem Sabbat geschlossen. Einige, die es wagten, ihre Waren dennoch außerhalb zu verkaufen, ließen sich durch die Androhung von Prügelstrafen durch Nehemia warnen. Der Bericht sagt uns: »Von der Zeit an kamen sie des Sabbats nicht.«

Die Männer, die mit »ausländischen« Frauen verheiratet waren, wurden durch die Hand Nehemias bestraft. »Und er schalt sie und fluchte ihnen und schlug etliche Männer und raufte sie . . .« Was war das für ein Mann!

Vielleicht halten wir ihn für zu energisch. Ganz und gar nicht! Er erkannte, daß Gottes Auftrag von einem heiligen Volk abhing. Gott braucht es sehr dringend. Er mußte Menschen haben, die sich rein hielten und im rechten Verhältnis zu Gott standen, damit die Welt durch sie erreicht würde. Gott ist auch heute noch derselbe. Er sondert sich einige aus und evangelisiert durch sie die Welt. Gehören wir dazu?

Ich will die Worte dieses Textes dem auf die Lippen legen, für den Nehemia nur das Abbild ist. »Er kam nach Jerusalem und erkannte . . .« Ja, vor zweitausend Jahren kam Jesus Christus. Er erkannte den Plan seines Vaters, und er erkannte gleichzeitig das Versagen und die Sünde der Menschen.

Das Alte Testament war voll von Versprechungen, die die Menschen gemacht und gebrochen hatten. Jesus Christus kam, damit die Versprechen, die vor Gott gemacht wurden, auch gehalten würden. Er kam, damit der Heilige Geist in uns wohnen sollte, um uns Sieg zu geben, und damit wir klare Kanäle würden, durch die er die Verlorenen erreichen kann. Für eine bestimmte Zeit hat er diese Erde verlassen. Nun aber kommt er, um unser Herz zum Zentrum seines Handelns zu machen, zu dem Ort, an dem er wirken kann; denn er allein erkennt den Plan Gottes für uns.

Aber was sieht er?

Er sieht unser Versagen in der Trennung von der Welt. Welcher Tobia hat sich ins Zentrum unseres Lebens eingeschlichen und sitzt bequem auf dem Thron, auf dem eigentlich Jesus sitzen sollte? Welcher Hausrat hat sich im Tempel angesammelt und findet den lauten Beifall der Hölle, den doch der Heilige Geist ausfüllen sollte. Haben nicht deshalb so viele Christen so wenig Raum für den Heiligen Geist, weil sie so vielen anderen Mächten erlauben, sich in ihrem Leben anzusiedeln.

Im Norden Irlands liegt eine kleine Stadt mit dem Namen Ballymena. Es ist eine typisch protestantische Stadt, und die Christen treffen sich in sogenannten Hauskreisen. Eine Dame plante in ihrem Hause eine Reihe von Versammlungen, dreimal wöchentlich.

Zufällig war ihre Nachbarin eine von den wenigen Katholiken, die in dieser Stadt leben. Sie erhielt auch eine Einladung, um an der Zusammenkunft teilzunehmen. Sie entschuldigte sich und sagte, sie könne nicht kommen. Aber am folgenden Morgen zeigte sie sich sehr interessiert und fragte, ob der Abend gut verlaufen sei. »O ja«, sagte die Gastgeberin, »wir haben einen sehr schönen Abend miteinander verbracht. Es waren 35 Leute in meinem kleinen Haus. Es war vollgestopft. Würden Sie nicht gern nächste Woche kommen?«

»Nein!« war die Antwort. »Es tut mir leid, aber ich kann wirklich nicht kommen.«

Die Woche kam, und die Versammlung fand statt, und am Morgen darauf folgte fast dieselbe Unterhaltung.

»War es schön gestern abend?«

»Ja, sehr schön, noch schöner als das letzte Mal. Wir waren 51 Personen, und mein Haus war voll. In der nächsten Woche findet wieder ein Treffen statt. Möchten Sie nicht kommen?«

»Nein, wirklich nicht, es tut mir leid.«

Der dritte Abend kam und ging, und am darauffolgenden Tag wurde wieder dieselbe Frage über die Gartenmauer hinweg gestellt.

»War es schön gestern abend?« fragte die Katholikin.

»O ja, wunderbar«, antwortete ihre Nachbarin. »Das war der beste Abend. Wir waren 62 in meinem kleinen Haus. Es war absolut voll.«

Das war für die katholische Dame zuviel, und sie wandte ein: »Aber das ist ja fast eine Unmöglichkeit. Sie begannen ihren Hauskreis mit 35 Leuten und sagten, das Haus wäre voll. In der nächsten Woche waren es 51 und gestern abend sogar 62. Das kann doch nicht wahr sein!«

»O ja«, meinte ihre Nachbarin. »Es ist sehr einfach. Natürlich war unser Haus voll, als wir 35 waren. Aber gestern haben wir alle Möbel auf den Rasen gestellt und Platz für 62 geschaffen.«

Was für ein herrliches Gleichnis ist das! Wieviel Raum haben wir im Leben für den Heiligen Geist? Ist das unsere Not, daß Tobia und sein Gerümpel den Platz einnehmen? Wir sollten alles hinauswerfen, sofort und gleich.

Was steht in unseren Bücherregalen? Würde Gott zu allen Büchern ja sagen? Wie sieht es in unserem Kleiderschrank aus? Haben wir gebetet, bevor wir einkaufen gingen? Würden wir damit Gottes Wohlgefallen finden? Wollen wir durch Kleider attraktiv werden oder wollen wir attraktiv für Jesus sein? Wie steht es mit unserer Schallplattensammlung? Würde Jesus darüber erfreut sein? Oder müßte er auf die eine oder andere warnend seinen Finger legen, damit sie aus der Sammlung verschwindet?

Wenn wir meinen, daß wir in dieser notvollen Zeit etwas für den Herrn tun sollten, dann bin ich der Überzeugung, wir sollten jeden Lebensbereich so überprüfen, daß wir alles Gerümpel, mit dem uns der Feind bis oben angefüllt hat, hinauswerfen.

O daß wir doch Raum in unserem Leben schafften, um für Gott zu arbeiten!

Aber noch eine andere Frage möchte ich in diesem Zusammenhang stellen: Haben wir im Dienst versagt? Was spielt sich in unseren Herzen ab, so daß der Sabbat der Ruhe und des Friedens gestört wird? Welche Gedanken dringen in den Tempel unseres Leibes ein? Wie steht es mit dem Gottesdienstbesuch? Liegt darin nicht die große Not gerade in unseren pietistischen Kreisen. Wir besuchen Sonntagsschule, Jugendstunde und Gottesdienst, aber den Rest des Tages bringen wir vor dem Fernseher zu, picknicken sonntags im Walde, machen Ausflüge und Bootsfahrten, tun alles andere, außer daß wir im treuen Einsatz für den Herrn stehen. Wir sollten uns wieder an unsere Aufgabe erinnern lassen und unsere Freunde, die Jesus noch nicht kennen, zum Besuch gottesdienstlicher Versammlungen einladen. Liegt all dieser Dienst in unserem Leben darnieder?

Wie steht es mit unserem Versagen in der Heiligung? Gibt es sündhafte Bindungen in unserem Leben, die unser Zeugnis zu zerstören drohen? Pflegen wir Freundschaft, die nicht die Zustimmung Gottes findet, weil sie gegen sein Wort ist? Welche Tochter Saneballats hat unsere Zuneigung gefangengenommen und unser Herz der Treue zum Herrn beraubt? Ich frage uns, welcher »Ausländer« oder welche »Ausländerin« hat uns von Jesus abgezogen? Welche Delila hat unsere geistliche Kraft von uns genommen?

Wie oft haben sich junge Männer und junge Mädchen gegen den Willen Gottes mit einem Partner verheiratet, der kein Christ ist, und haben gesagt: »Ich will sie oder ihn für Christus gewinnen, wenn wir verheiratet sind.« Aber auf diesem Weg kann man es nicht erreichen, und fast ausnahmslos ist das Ergebnis verheerend.

Wenn wir in dieser Welt nach Gottes Willen leben wollen, dann kann das bedeuten, daß wir auch einmal einem Menschen das Herz brechen müssen. Sehr oft ist es das Herz eines Menschen, den wir sehr lieb haben, das Herz des Vaters oder der Mutter oder eines anderen Familiengliedes, vielleicht auch das Herz unseres Geliebten. Das will Gott so. Jesus hat gesagt: »Meinet ihr, daß ich hergekommen bin, Frieden zu bringen auf Erden? Ich sage: Nein, sondern Zwietracht. Denn von nun an werden fünf in einem Haus uneins sein, drei wider zwei, und zwei wider drei. Es wird sein der Vater wider den Sohn, und der Sohn wider den Vater; die Mutter wider die Tochter, und die Tochter wider die Mutter; die Schwiegermutter wider die Schwiegertochter, und die Schwiegertochter wider die Schwiegermutter« (Luk. 12, 51–53).

Es ist besser, wir brechen einem Menschen das Herz, als daß wir Gott das Herz brechen. Es wirkt sich am Ende segensreich aus, dem Willen Gottes zu gehorchen, auch für die, die wir im Augenblick der Entscheidung zu verletzen scheinen. Es wirkt sich aber katastrophal aus, wenn wir uns weigern, dem Ruf Gottes zu folgen, auf seinen Wegen zu gehen, den Maßstab in unserem Christenleben herabzusetzen, um die menschlichen Beziehungen leichter zu gestalten – nicht nur für uns, sondern auch für die, die dadurch betroffen sind. Wir müssen uns nach dem Willen Gottes richten und ihn tun, auch wenn es manchmal scheint, als wären wir unbarmherzig und lieblos.

Gott zu gehorchen, koste es, was es wolle, darin liegt der Weg, andere für den Herrn zu gewinnen. Wir haben keine Zeit für Halbheiten. Haben wir versagt in unserer Trennung zur Welt, versagt in unserem Dienst, versagt in unserer Heiligung? Herrscht in der Hölle großer Jubel, weil der Kanal, den Gott in unserem Leben benutzen wollte, verstopft ist? Ja, der Herr Jesus kommt zu dem Jerusalem unseres Herzens und er erkennt es. Erlauben wir ihm, unseren Götzen hinauszuwerfen und die Geschäftigkeit, die uns den Frieden und die Stille nimmt, zur Ruhe zu bringen? Sind wir bereit, mit allen ungöttlichen Verbindungen um seinetwillen zu brechen?

Die Fülle des Segens

Der Gott Nehemias ist auch unser Gott. Ungehorsam ihm gegenüber zieht Strafe nach sich. Sünde versklavt, aber Buße bringt die

Fülle seiner Gnade und seines Segens. Der Heilige Geist bringt Sieg in ein Leben, das zuvor von allem Gerümpel befreit wurde, denn er ist der Sieger. Wir müssen uns schon entschlossen allem in den Weg stellen, das gegen den Willen Gottes verstößt, auch wenn es uns schmerzlich ist. Das ist die Folge echter Gottesfurcht.

Ist es uns in diesem Kapitel aufgefallen, daß Nehemia dreimal darum bittet, daß Gott seiner gedenken möchte? Ich glaube keinen Augenblick daran, daß er mit seiner Treue sich Gottes Gunst erkaufen zu können glaubte. Nehemia bat nur demütig, daß Gott an sein Werk denken sollte.

Es ist wunderbar, daß jeder von uns sich an das Wort Jesu erinnern darf: »Du warst treu über wenige Dinge, ich will dich über viel setzen.« Ihm um Lohn zu dienen, ist nicht unser Motiv. Aber es bedeutet eine ungeheure Stärkung in dem Kampf, daß uns eines Tages zugerufen wird, wenn wir ihm die Treue gehalten haben: »Du hast recht getan.«

Wenn ich zurückschaue auf das Buch Nehemia – dieses klassische Buch über den Dienst im Reich Gottes – sehe ich einen Mann, der bis zum Ziel treu war. Das allein zählt. Nicht, wie ich beginne, sondern wie ich ende, ist entscheidend.

Ich möchte an Epheser 6, 13 erinnern: »Um deswillen ergreifet den Harnisch Gottes, auf daß ihr an dem bösen Tage Widerstand tun und alles wohl ausrichten und das Feld behalten möget.«

Ja, das zählt. Wir sind alle mit hineingenommen in einen angespannten geistlichen Kampf, in dem es keinen Waffenstillstand gibt, bis wir in den Himmel kommen. Satan schleudert seine feurigen Pfeile auf das Kind Gottes, das sich dem Willen Gottes hingegeben hat, und ebenso auf die Gemeinde, der es um die Rettung von Menschen geht. Im Verlauf der Schlacht wird es ernste Wunden geben, viel Leiden und Schmerzen, vieles, was uns betrübt und uns das Herz bricht; aber die Hauptsache ist, daß wir auf festem Grund stehen und auf dem Kampfplatz siegreich bleiben.

Was wird das für ein Tag sein, an dem uns der Herr willkommen heißt. Es hat sich alles gelohnt. Wir werden Jesus sehen. Dann werden wir das verstehen, was wir bisher nicht begreifen konnten, daß alles, was uns so oft verwundete, nur dazu diente, uns in das Bild des Herrn Jesu umzuformen, um uns ihn noch kostbarer zu machen.

Umstände, die uns zu schaffen machten, Situationen, die uns äußerst schwierig vorkamen, waren nur das Werkzeug in Gottes Hand, um die Nägel in unser Ichleben zu treiben, das sich so leicht beklagt. Sein Tun bewirkt Freude mitten in aller Anfechtung. »Denn unsere Trübsal, die zeitlich und leicht ist, schafft eine ewige und über alle Maßen wichtige Herrlichkeit uns, die wir nicht sehen auf das Sichtbare, sondern auf das Unsichtbare. Denn was sichtbar ist, das ist zeitlich; was aber unsichtbar ist, das ist ewig« (2. Kor. 4, 17–18).

So wie Nehemia nach Jerusalem kam und alles erkannte, und so wie unser Herr Jesus zum Jerusalem unseres Herzens kommt und uns erkennt, nur so werden wir zum himmlischen Jerusalem kommen, und alles wird uns klar; denn ». . . dann aber werde ich erkennen, gleich wie ich erkannt bin« (1. Kor. 13, 12).

»O Jesus, ich habe dir versprochen, dir bis ans Ziel zu dienen.
Bleib mir immer nah, mein Herr und mein Freund!
Stehst du an meiner Seite, dann fürchte ich keine Schlacht;
bist du mein Führer, dann irr ich nicht vom Wege ab.

O laß mich deine Nähe spüren; denn die Welt bedrängt mich.
Ihr Glanz blendet mich, und ich höre ihre verführerischen Laute.
Meine Feinde sind nah, ja sie umringen mich;
aber du, Herr Jesus, ziehst mich zu dir
und bewahrst mich vor Sünde.

Herr, du hast denen versprochen, die dir folgen,
daß deine Diener einmal in deinem Glanz bei dir stehen werden.
Herr, ich habe dir versprochen, bis ans Ziel dir zu dienen.
Gib mir Gnade, mein Herr und Meister, dir zu folgen!«

John E. Bode

In der TELOS-Paperbackreihe erschienen folgende Titel

1004 Wilder Smith
Ist d. ein Gott d. Liebe?
1005 Fritz Hubmer
Im Horizont leuchtet . . .
1008 Fritz Hubmer
Weltreich und Gottesreich
1012 Watchman Nee
Freiheit für den Geist
1013 Anny Wienbruch
Der Leibarzt des Zaren
1016 Norbert Fehringer
Thema: Frömmigkeit
1021 Ruth Frey
Arbeit unter Kindern
1023 Oswald Smith
Ausrüstung mit Kraft
1024 Erich Schnepel
Das Werk Jesu in uns . . .
1026 Anny Wienbruch
Im Schatten der Zaren
1029 Werner Krause
Freuet euch allewege
1030 Hel. Good Brenneman
Und doch nicht vergess.
1031 Anny Wienbruch
Unt. d. rot. Sonnensch.
1032 Helmut Ludwig
Die Welt horcht auf
1035 G. R. Brinkê
Jenseitiges u. Zukünft.
1036 Elli Kühne
Da bewegte s. d. Stätte
1039 Alfred Christlieb
Ich freue mich ü. d. Wor
1041 Lon Woddrum
Liebe hofft immer alles
1042 Horst Marquardt
Die Sprache der Gräber
1045 Otto Riecker
Bildung u. Heiliger Geist
1046 Joyce Landorf
Seine beharrliche Liebe
1048 Anny Wienbruch
Ein Leb. f. Gustav Adolf
1049 Werner Krause
Keinen Raum . . .
1050 Georg R. Brinke
Die Symbolik d. Stiftsh.
1051 Alfred Kuen
Gem. n. Gottes Bauplan
1053 Jill Renich
Den Ehemann verstehen
1054 Alfred Christlieb
Ich suche, Herr . . .
1055 Wilfried Reuter
. . . und bis ans Ende . . .
1056 Howard Taylor
Das geistliche Geheimnis Hudson Taylors
1057 Ulrich Affeld
Unter der Treue Gottes
1058 John F. u. E. Walvoord
Harmagedon, Öl . . .
1059 Heinrich Jochums
Was haben wir an Jesus
1060 Erich Beyreuther
Der junge Zinzendorf
1061 Herbert Masuch
Handbuch . . .
1064 Anny Wienbruch
Das sonnige Haus
1065 Anny Wienbruch
Sie waren mir anvertraut
1071 Elsbeth Walch
Tante Lydia w. schon . . .
1072 Elsbeth Walch
Zum Glück gibt's . . .
1074 Alfred Christlieb
Der Apostel Paulus

1075 H. E. Nissen
. . . und der Geist schrie
1076 Eduard Ostermann
Zukunft ohne Hoffnung?
1078 James M. Boice
Die letzte und die zukünftige Welt
1079 L. A. T. van Dooren
Menschenfischen, persönliches Engagement
1080 Anny Wienbruch
Ein König wird frei
1083 Watchman Nee
Der geistliche Christ II
1084 Watchman Nee
Der geistliche Christ III
1085 Alfred Christlieb
Vollmacht von oben
1086 Fritz May
Israel zwischen Weltpolitik u. Messiaserwartung
1087 Kurt Scherer
Mit Streß leben
1088 Gien Karssen
Frau, Mensch und Mutter in der Bibel
1092 Billy Graham
Engel – Gottes Geheimagenten
1095 F. F. Bruce
Die Glaubwürdigkeit der Schriften des N. T.
1096 Watchman Nee
Geistliche Erkenntnis
1097 Heinrich Jochums
In Jesus haben wir alles
1098 Michael Bourdeaux
. . . und die Ketten . . .
1099 A. W. Tozer
Gott liebt keine Kompromisse
1101 Watchman Nee
Das Bekenntnis
1102 Watchman Nee
Das Zusammenkommen
1103 Watchman Nee
Christus unser Leben
1104 Watchman Nee
Zur Ehre Gottes leben
1105 Watchman Nee
Gemeinschaft der Liebe
1106 A. E. Stückelberger
Bibel, Kind und wir
1107 Michael Griffiths
Mit beiden Beinen auf der Erde
1108 William Sanford LaSor
Menschen, die Christus kannten
1109 Charles W. Colson
Watergate – wie es noch keiner sah
1110 Rich. W. DeHaan
Die Wahrheit über Gott
1111 Ernst Modersohn
Durch den Glauben
1112 E. M. u. D. A. Blaiklock
Warum hat mir das keiner gesagt?
1113 Tim Timmons
Ehe nach Gottes Plan
1114 Jakob Kroeker
Es gibt ein Volk . . .
1116 Volkmann/Woyke
D. Anruf d. Evangeliums
1117 Neil R. Lightfoot
Die Bibel – Entstehung u. Überlieferung

1118 Martin Schacke
Die Abschiedsreden . . .
1119 Dwight L. Carlson
Leben und nicht müde werden
1122 George W. Peters
Evangelisation: total . . .
1124 Dr. Dr. G. Huntemann
Am Anfang die Wahrheit
1126 Winrich Scheffbuch
Wer Jesus hat, hat das Leben
1128 Eduard Ostermann
Unsere Erde – ein junger Planet
1129 Billy Graham
Wiedergeburt – wie geschieht das?
1130 Fritz May
So wird das Leben schöner
1131 George Sweeting
Handbuch der Liebe
1132 James Kennedy
Dynamische Evangelisation
1133 Jeanette Lockerbie
Die zweite Lebenshälfte
1134 Joyce Landorf
Sein unermesslicher Reichtum
1135 Willi Buchwald
Israel und die Zukunft der Welt
1138 Neil R. Lighfoot
Geheimnisse des Himmelreiches
1139 Ć. Schulte-Übbing
Bibl. Sachkonk. zu Fragen der Endzeit
1140 Lienhard Pflaum
Kampf, Anfechtung, Überwindung
1141 Horn
Ein Buch spricht für sich selbst
1143 Kurt Scherer
Mein Gott, mein Gott, warum . . .?
1145 P. J. Johnstone
Gebet für die Welt
1146 Gerhard Bergmann
Christentum und Sozialismus
1147 Armin Mauerhofer
Jesus, der Zugang zu allem
1148 Armin Mauerhofer
Jesus, meine Kraft im Alltag
1151 Spiros Zhodiates
Leben nach dem Tode
1152 Leroy Koopman
Deine Augen sollen leuchten
1153 Robert E. Coleman
Des Meisters Plan der Evangelisation
1154 Klaus M. Pülz
Brennpunkt Israel
1157 Schulte
Evangelisation – praktisch
1158 Davis
Lebenskrisen und ihre Überwindung
1159 Morton
Die Wissenschaft hat Verspätung

In der TELOS-Paperbackreihe erschienen folgende Titel

1160 Maurice Wagner
Ich bin
1161 Böhm
Generation der Hoffnungslosen
1162 Winrich Scheffbuch
Jesus – der gepredigt und geglaubt
1163 Hardy
Countdown
1166 Sanders
Menschen wie du und ich
1167 Kuhne
Evangelisation – und was dann?
1168 Tim LaHaye
Kennen Sie Ihren Mann?
1169 Means
Im Irrgarten östlicher Mystik
1171 René Hermann
Hoffnung, die nicht täuscht
1172 Peterson
PLO kontra Israel
1175 Stückelberger
Erziehung, die Herausforderung an uns. Zeit
1176 Tim LaHaye
Temperamente
1178 Armin Mauerhofer
Bilder der Gemeinde Jesu
1179 John C. Whitcomb
Die Welt, die unterging
1180 Francis A. Schaeffer
Die Kirche Jesu Christi
1181 H. Lockyer
Höhepunkte
1183 W. Philipp Keller
Ein Gärtner betrachtet die Früchte des Geistes
1184 Gottfried Schröter
Versetzung gefährdet?
1185 Roy Hession
Vergeben und Vergessen?
1186 Richard Dugan
Weshalb wissen Sie, daß Sie wiedergeboren sind?
1187 Paul Walter Schäfer
Missionarisch denken, leben, reden
1188 Charles W. Colson
Verurteilt zum Leben
1189 Richard Strauß
Die Flitterwochen sind vorbei
1191 C. Donald Cole
Er aber glaubte Gott
1192 Josef Kausemann
Einer den die Gnade fand
1193 John C. Souter
Ich war ein Dealer
1194 Charles W. Colson
Kassette mit 1188 und dem 1. Band Watergate wie es noch keiner sah (Nr. 1109)
1198 John White
Die goldene Kuh
1200 Heinz Böhm
Des Glaubens liebstes Kind
1201 Friso Melzer
Sonne und Regen
1202 Herm. Friedr. Kohlbrügge
Passionspredigten
1204 Harold E. Hughes
Der Senator Harold E. Hughes
1205 Francis A. Schaeffer
Bitte, laß mich leben
1208 John White
Der Kampf...Glauben zu halten...Christus zu bekennen ...Gottes Willen zu tun... dem Satan zu widerstehen
1209 Stanley Banks
Heilige im Arbeitsdreß
1210 Philip Keller
Genug ist bereits ein Fest
1211 Ernst Modersohn
Christsein in uns. Zeit
1212 Lewis B. Smedes
Gottes Liebe und unsere Grenzen
1213 Georg Huntemann
Die Zerstörung der Person

TELOS-Präsente

2101 Anny Wienbruch
Das Geheimnis um Zar Alexander
2102 Johann A. Bengel
Das Neue Testament
2103 Bibelpanorama
2104 Johannes E. Goßner
Schatzkästchen
2105 John Bunyan
Pilgerreise zur seligen Ewigkeit
2106 F. Lobstein
Brot durchs Wort
2107 Arbeitsbuch für den biblischen Unterricht
2108 Marie Hüsing
Zeichen Seiner Hand
2110 Ludwig Hofacker
Predigten, Band I
2111 Ludwig Hofacker
Predigten, Band II
2113 Abraham Meister
Namen und Charakterzüge . . .
2114 Shlomo S. Gafni/ A. v. d. Heyden
Jerusalem, du schöne . . .
2115 Gilbert Beers
Kinder-Bibel-Lexikon
2116 Wolfgang Heiner
Bekannte Lieder – wie sie entstanden
2117 A. E. Wilder Smith
Kunst und Wissenschaft der Ehe
2118 Ludwig Hofacker
Predigten, Bd. 1 u. 2
2119 Merrill C. Tenny
Die Welt des Neuen Testamentes
2120 Shlomo S. Gafni
Israel, du schöne . . .
2121 Willem J. J. Glashouwer
So entstand die Bibel
2122 Non Nominatum
Die stille Stunde
2123 Willem J. J. Glashouwer
So entstand die Welt
2124 John M. Drescher
An stillen Wassern
2125 John M. Drescher
Du bist die Quelle
2126 John M. Drescher
Ich hebe meine Augen auf . . .
2127 John M. Drescher
Warum gerade ich?
2128 Kennedy
Handbuch für Gemeindewachstum
2131 A. Bargil Pixner/ George Hintlian/van der Heyden
Bethlehem, du schöne . . .
2132 Raphael Posner/ van der Heyden
Masada
2133 Helmut Sigle
Gerufen, geführt, geborgen